مادلين ديني

فرض سيطرة الوالدين بلين

كيف نساعد الأطفال على إطاعة الأوامر؟

سلسلة
دليل الآباء

دار جامعة حمد بن خليفة للنشر
HAMAD BIN KHALIFA UNIVERSITY PRESS

الطبعة العربية الأولى عام ٢٠١٩

دار جامعة حمد بن خليفة للنشر
صندوق بريد ٥٨٢٥
الدوحة، دولة قطر

www.hbkupress.com

Édition originale: L'AUTORIÉ EN DOUCEUR
Published by Éditions Nathan, Sejer-Paris, France, 2015

حقوق الترجمة © هويدى السبيعي، ٢٠١٩
الحقوق الفكرية للمؤلف محفوظة.

جميع الحقوق محفوظة.
لا يجوز استخدام أو إعادة طباعة أي جزء من هذا الكتاب بأي طريقة بدون الحصول على الموافقة الخطية من الناشر باستثناء في حالة الاقتباسات المختصرة التي تتجسد في الدراسات النقدية أو المراجعات.

الترقيم الدولي: ٩٧٨٩٩٢٧١٢٩٨١٠

تمت الطباعة في بيروت-لبنان بمعرفة Byblos Printing S.A.L.

مكتبة قطر الوطنية بيانات الفهرسة– أثناء– النشر (فان)

ديني، مادلين، مؤلف.

[*L'autorité en douceur*]. Arabic

فرض سيطرة الوالدين بلين: كيف نساعد الأطفال على إطاعة الأوامر؟ / تأليف مادلين ديني؛ ترجمة هويدي السبيعي. – الطبعة العربية الأولى. - الدوحة: دار جامعة حمد بن خليفة للنشر، 2019.

صفحة؛ سم. – (سلسلة دليل الآباء)

تدمك: 978-9927-129-81-0

1. الأطفال -- نمو. 2. الآباء والأبناء. 3 . الأطفال -- تربية. ب. السبيعي، هويدي، مترجم. ج. العنوان. د. السلسلة.

HQ770.4 D46 2019

649.64– dc23

201927173847

سلسلة

دليل الآباء

مادلين ديني أخصائية طفولة لها
عدد كبير من الكتب عن التربية

نصائح للصغار الهائجين الغاضبين

لعلكم تستغربون أحيانًا رؤية مدى إصرار والديكم على رفض سيطرة الغضب عليكم.

لا تعتقدوا أبدًا بأنّهما لا يدركان قدر المشاعر الهائلة التي تنتابكم وتسيطر عليكم فجأة وتثير فيكم الغضب الشديد.

كانا في السابق طفلين، ضربا بأرجلهما الأرض، وانهارا تمامًا حين مُنعا من الحصول على مثلّجات، كما خرجا غاضبيْن وأغلقا باب الغرفة بقوّة غضبًا من والديهما عوضًا عن تفسير سبب حصولهما على علامة سيئة في الصف، أوأوقعا الأخ الصغير المسبّب للمشاكل.

كونوا على ثقة بأنّهما يفهمان صعوبات الحفاظ على هدوئكم عند مواجهة شَرَك الغضب وحبائله، وبأنّهما مستعدان لدعمكم بصبر وأناة خلال «معارككم البطولية» لمواجهته.

تقبّلوا أيضًا بأنّهما ليسا الوالدين اللذين تحلمون بأن يتركاكم تتصرّفون كما ترغبون؛ فهما الوالدان اللذان سوف يثيران غضبكم ويجعلان حياتكم صعبة...

كونوا على يقين بأنّهما يحبّونكم حبًا كبيرًا، وأنّهما متعلقان بكم إلى حدّ أنّهما سوف يظهران لكم بصورة جديدة: صورة الوالدين القويين المستعدّين لمواجهة فورات غضبكم الصغيرة والكبيرة بقوة هادئة كي تتمكنوا من تسكينها.

هل هي مهمّة مستحيلة؟ بالطبع لا إن سبروا غور هذا الكتاب لمعرفة أفضل الطرق لتسكين الغضب. ففيه يمدّ الآباء وأخصائيو الطفولة يدهم إليكم، فدعوهم يمارسون بعض العلاج المسكّن للغضب في صحبتهم. إلا في حال كان هذا هو الوقت الذي تحتاجون فيه إليهم لأنّ الوضع لم يعد يُطاق!

المحتويات

المقدمة 7

من 1 إلى 3 سنوات

ورشة عمل الوالدين

تركيز الاهتمام 15

الترغيب بإطاعة الأوامر 21

الانضباط «أربع نجوم» 27

اسأل الخبراء 32

من 3 إلى 6 سنوات

ورشة عمل الوالدين

التشجيع على احترام القواعد 39

الصراع على السلطة 45

العلاقات مع الآخرين 53

اسأل الخبراء 60

من 6 إلى 10 سنوات

ورشة عمل الوالدين

الانضباط الذاتي وقواعد الرفاهية 67

قواعد حسن التصرف في المجتمع 75

اسأل الخبراء 80

صندوق العدّة

أفكار بسيطة، «إرشادات مساعدة» للوالدين، ألعاب، مسابقات لتعليم الأطفال كيفية إطاعة الأوامر، والتعبير عما نفكر به دون بذاءة، اختبار لتقييم مستوى السيطرة المفروضة، خذا من صندوق عدّة السيطرة ما ترونه مناسبًا! 84

المقدمة

نعلم جميعًا بأنّ الأطفال يحتاجون لأن يفرض عليهم الآخرون سلطتهم حتى يصبحوا كبارًا. وتعدّ البيئة الأسرية الموقع الأفضل لهذا الأمر. ففي كنف الأسرة يكبر الطفل وينضج بشكل طبيعي، ويجد الدرب المناسب له، ويشكّل شخصيته، ويتعلّم، في الوقت ذاته، فنّ كيفية التعامل مع الآخرين.

إنه بروتوكول «حسن التصرّف» يكون للوالدين فيه الكلمة الفصل! كلمة صارمة وعادلة وإيجابية... كلمة تقود الطفل نحو استقلاليته، وتطوّر حسّ المسؤولية لديه، وترسي لديه شعورًا من أثمن المشاعر: شعور الثقة المتبادلة بين الطفل ووالديه.

ويتعيّن عليكما لبعض الوقت التعرّف على المبادىء التعليمية المعروفة الأساسية المتمثلة في «القواعد والحدود» التي ستساعدكم في التعامل، بهدوء وحكمة، مع المواقف الحسّاسة. وسوف تبيّن رسائلكم التعليمية

لأطفالكم بأنّكم الأفضل بين الآباء لأنّكم تعلمون تمام العلم متى يجب الإجابة بالموافقة ومتى يجب الإجابة بالرفض!

الأسئلة المناسبة للطرح

في البداية، فلننظّم أفكارنا حول مدى فائدة هذه المبادى الأساسية المشهورة التي نودّ تعليمها لأطفالنا. ففي أيّ عمر يجب أن يستوعبوها؟ ما هي الفائدة التي يستقونها منها؟ ما هي القيَم التي نودّ أن ننقلها لهم؟ لا شك بأنّ الفهم المناسب لنموّ الطفل وتطوّره يساعدان في الحصول على أفضل السلوكيات في الوقت المناسب. وهذه فائدة لا يستهان بها لمساعدة الصغار أصحاب الشخصية القوية والقلب الطيب في تحقيق حسن السلوك!

قل قولًا «دقيقًا وصادقًا»

ليس من السهل الإجابة بدقة على سؤال «لماذا لا يُسمح لي؟» و«هذا ليس عدلًا!». ولكن إن احتفظنا في ذاكرتنا بأربع كلمات أساسية، يصبح بالإمكان الإجابة على كل الأسئلة... أو تقريبًا كل الأسئلة. وبالاستعانة بهذه الكلمات، يمكن التصرف بكل ثقة والتأكد من صحّة تصرّفاتكم. إنّها كلمات ستومض في رأسكم كلما بدر من الطفل تصرّف غير مقبول. وبذلك فسوف تكتسبون رياضة ذهنية تتيح لكم لعب دور الوالد أو الوالدة بثقة وقناعة وتبث في مهماتكم «الانضباطية» قيمة عالية!

الكلمات المفاتيح

الأمان: أنا على حقّ في الردّ على هذا الطلب الذي لا يناسبني أو على هذا السلوك السيئ، لأنّه يضع ابني في خطر.

من 1 إلى 3 سنوات

من 3 إلى 4 سنوات
★ يبدأ الطفل بتثبيت عاداته، ولا يعيش منذ ذلك السن لحظته الحالية.
★ يفهم أسباب الرفض.
★ لا يملك الكثير من الخبرة ولا تعتبر طريقته في اتخاذ القرار صائبة.

من 4 إلى 5 سنوات
★ الطفل قادر على تقبّل الواقع وقيوده.
★ يحتاج الطفل لقدوة لكي يحسن التصرّف.
★ عفويته تؤثر عليه. فهو أناني ويعتقد بأنّه مركز العالم.

من 6 إلى 7 سنوات
★ الطفل حسّاس لمفهوم العدالة.
★ المحاضرات الطويلة لا تجدي نفعًا.
★ يجب أن يحصل على موافقة الآخرين على تصرّفاته الجيّدة وهذا الأمر يشجّعه على المتابعة.
★ يبدأ الطفل بانتقاد نفسه.

من 8 إلى 10 سنوات
★ يفهم الطفل الفائدة من الانضباط الذاتي لتخفيف التصرّفات غير المرغوب بها.
★ يبدأ بمعرفة نفسه، واكتساب الحسّ المناسب، ويستوعب الفصل بين الحقوق والواجبات.
★ يبدأ بفهم مسؤولياته.

ودائمة. وفي المقابل، فإنّ الاستسلام بين الحين والآخر يجعل الطفل يعتقد بأنّ سلوكه السيئ يمكن أن يكافأ وبالتالي فإنه سوف يرغب بتكراره.

التماسك ضروري

يجب أن تتكيّف القوانين وفقًا لسنّ الطفل لكي تصبح فعّالة. وكلما قلّ عدد هذه القوانين زادت فعاليتها. ولذلك فإنّ الاستجابة الصحيحة والسريعة تشكل البوصلة الأفضل للطفل. ولا تنسيا أبدًا بأنّكما تشكلان القدوة للطفل.

بعض الإشارات المرجعية

من سنة إلى سنتين
★ الطفل يرسّخ شخصيته من خلال السعي لتسلّم زمام حياته بنفسه.
★ الطفل قادر على فهم «كلا» على أنّها دعوة للتعاون عوضًا أن تكون أمرًا.
★ لا يملك الطفل النضج الكافي للاستجابة لحالات الرفض أو لاستيعاب السبب الذي يجعل البالغين يغضبون من عمل أحمق.

من سنتين إلى 3 سنوات
★ يتواصل السعي لترسيخ الشخصية وتحقيق المزيد من الاستقلالية.
★ عند مواجهته للعديد من الإحباطات، يستوعب الطفل الحدود المفروضة عليه، ما يثير غضبه.
★ يعيش الطفل لحظته الحالية، ويستوعب بصعوبة التعليمات والرفض وغيرها من الأوامر الشفهية.

الاستقلالية: يجب ألا أستسلم لكلّ رغباته، لأنّه عندما يواجه طفلي أيّ رفض فإنّه يتعلّم كيفية التعامل مع حالات الإحباط الصغيرة. ومن شأن ذلك أن يقوّي ثقته بنفسه ويعطيه المزيد من الاستقلالية.

الاحترام: أنا على حق في رفض تصرّفاته السلبية التي يواجه من خلالها فرض سلطتنا منذ نعومة أظفاره، فذلك يسهّل فيما بعد علاقاته مع الآخرين.

القيَم: تناط بي مسؤولية تعليمه التمييز بين السلوكيات الجيدة وبين الأسوأ منها لكي يمتلك فكرة واضحة عن الحياة ويتقبّل بسهولة أكبر القوانين الاجتماعية.

الثبات والتماسك 100%

نحن «الآباء» متشابهون. نتعب جميعا يومًا ما من تكرار كلامنا الذي نوجّهه لطفلنا مرّات عديدة بأنّنا لا نقبل هذا الأمر أو ذاك، وبأنّ عليه ألاّ يتصرف على هذا المنوال أو ذاك، ولا أن يطلب هذا الأمر أو ذاك. في هذه الأوقات، لا نكون بعيدين عن «ارتكاب الخطأ» في أن نلتفت، للمرّة الأولى، ولمرّة واحدة فقط، إلى الجهة الأخرى أو نغلق آذاننا لكي نتفادى النزاعات، يمكننا أن نتقبّل هذا الأمر بالقول إنّه من المستحيل أن نكون آباء مثاليين. ولكن كونوا على يقين بأنّ الثبات والتماسك في سلوككما يشكلان قيمتين كبيرتين ترسيان الرفاه الأسري. وبدونهما فإنّكما تعرّضان أسرتكما للفوضى التي تسيطر على أذهان الصغار ويتعيّن عليكما إعادة النظر في الكثير منها.

الثبات نافع

لا تنجح **الخطة المنمّقة الرامية إلى تغيير السلوكيات غير المناسبة** إلا إذا تم تطبيقها دائمًا بالطريقة نفسها. عندئذ، تكون النتائج إيجابية

ورشة عمل الوالدين

تركيز الاهتمام **ص 15**

الترغيب بإطاعة الأوامر **ص 21**

الانضباط «أربع نجوم» **ص 27**

اسأل الخبراء **ص 32**

تركيز الاهتمام

يستمتع الطفل كثيرًا باكتشاف العالم من خلال اللعب بباب المدخل أو بتذوّق بسكويت القطة... ولكن من المؤكّد بأنّ دور الوالدين هو منعه من القيام بهذه النشاطات الممتعة! ولكي نسمح للطفل بالحصول على مغامراته الأولى بكل هدوء وبعيدًا عن المخاطر، يجب أن نعتمد تمامًا على «صمّام الأمان» أي عليكما. فهو يستطيع عندئذ ترسيخ استقلاليته دون خوف. وسوف يمثل له هذا الدعم فرصة جيدة ليتمكن من إطاعة الأوامر بسهولة إذ إنّ الطفل سوف يميل دائمًا للتعاون مع «الكبار» الذين سوف يقودونه عوضًا عن إعطائه الأوامر!

سوف تنجح في تحقيق هذا الهدف!

التشجيع عوضًا عن المنع

★ تسعى ندى، 3 سنوات، جاهدة لترسيخ استقلاليتها. فهي ترفض رفضًا تامًّا أيّ مساعدة تقدّم لها عند ارتداء ملابسها ولكنّها تصرخ عندما لا تتمكن من وضع حذائها، أو عندما لا تستطيع إغلاق معطفها... ناهيك عن تصرّفها خلال وجبات الطعام عندما تطلب أن يُملأ كوبها حتى الحافة وتطالب بأن تمسك لوحدها الملعقة والشوكة. وبما أنّ التواجد قرب ندى أثناء الطعام لم يعد ممتعًا، فإنّ والديها أصبحا يشعران بالانزعاج.

★ قرّرت الأم أن تتولى زمام الأمور لكي تعيد الهدوء للأجواء الأسرية التي تكدّرت بسبب مطالبات ابنتها بالاستقلالية. ولذلك فإنّها تخفي الملابس التي يصعب ارتداؤها، وتستبدلها بقمصان تي شيرت، وتنانير، وبناطيل بحزام مطاطي، ومعطف يغلق بلاصق. وعلى مائدة الطعام، تضع الأم أطباقًا وأدوات طعام من البلاستيك مزيّنة بشخصيات محبّبة لدى الطفلة. وبسرعة توافق ندى على تعليمات أمها بعدم ملء كوبها حتى الحافة. وها قد أصبحت قادرة على ارتداء ملابسها لوحدها وتفخر بكل التهنئات التي تحصل عليها من أمها لأنّ طاولة الطعام لم تعد فوضوية!

عندما قرّرت الأم مساعدة ابنتها على أداء الأعمال «لوحدها» فقد بيّنت لها بأنّها تستطيع إيجاد الحلول التي تساعدها على أن تصبح أكبر؛ وتعلّمها أيضًا على احترام قاعدة صغيرة جدًا وبسيطة وتهنّئها لكي تبيّن لها بأنّه من مصلحتها أن تواصل اتباع هذه القاعدة. إنّه مثال رائع من التواصل الناجح.

كلمات مريحة

«إنك تقومين بهذا العمل بشكل جيد جدًا»؛ «إنّها أفضل تجربة»؛ «لقد ساعدتني كثيرًا»

ممنوع اللمس!

حسن إدارة الرغبات

★ يحاول إلياس، 15 شهرا، تطوير مهاراته الاستكشافية. فأكثر ما يحبّه هو الضغط على أزرار أداة التحكّم عن بعد أو أزرار الكهرباء. وتشكّل أسلاك الحاسوب والأسلاك الكهربائية جزءًا من ألعابه المفضّلة ولا يفهم لماذا يسبّب ذلك غضب والديه. وها هو يتوجّه الآن نحو الطابعة الموصولة بحاسوب الأسرة.

★ **تتوجّه الأم لطفلها مباشرة وتقول له: «لا أريد أن تلمس هذا الزر!» ويقتصر الأمر على طلب واحد فقط. يصعب على إلياس التغلب على رغبته وتتوجّه أمه نحوه لتساعده على استيعاب الأمر. تبعد بلطف يده عن الطابعة «الممنوعة» وتقترح على ابنها وسيلة إلهاء. وكما في السابق، فإنّ إلياس الذي تفاجأ بردّة فعل والديه السريعة والصارمة، يسمح لنفسه بالنقياد وراء اقتراح لعبة أخرى. ويحقّ له اقتراح لعبة مختلفة. ويرسي الأمر على لعبة استكشاف مغلفات تتضمّن دعايات. يشعر إلياس بالمتعة ويستقر بسرعة «الكنز الممنوع».**

طبّقت الأم الوسيلة الوحيدة التي تتميّز بالصرامة واللطف والفعالية بحيث يستطيع الطفل في عمر السنة إلى السنتين قبولها عندما يكون منجذبًا نحو أشياء ممنوعة: ويتمّ الأمر بدون صراخ ودون تقديم أيّ شروحات للطفل – الذي لا يفهم سبب المنع في هذه السن – بل يوجّه له طلب مرة واحدة ومن ثم يتمّ اقتراح وسيلة إلهاء لكي ينسى هدفه. هذه الوسيلة المتّبعة تساعد الطفل على التعوّد على الإدراك بأنّ من مصلحته إطاعة الأوامر.

من المهم أن نوضّح للطفل ما ننتظره منه بالقول: «لا أريد أن تلمس الحاسوب» بدلًا أن نقول: «أنت ترتكب حماقة».

هذا ما أريده!

تكييف السلوكيات مع قدرات الطفل

★ دشّنت جنان، سنتان، فترة المعارضة بقوة. فعندما تنظر مباشرة في عيني والديها وترفض إطاعة أي أمر، لا يمكن أبدًا تغيير رأيها. وسوف يحصل والدها في أحد أيام السبت في السوبرماركت على فرصة تجربة عنادها وإصرارها على رأيها حين يذهب لابتياع أغراض البيت خلال إجازة نهاية الأسبوع فترفض العودة إلى عربتها عندما يصلان إلى الصندوق: فبدأت تلوي ظهرها نحو الوراء، وتدفع العربة بعيدًا عنها ومعها محتوى السلة المعلقة على العربة.

★ **يحافظ الأب على رباطة جأشه ظاهريًا ويدفع المبلغ المطلوب ويخرج من السوبرماركت دون الاستماع إلى الأشخاص الذين يساعدونه في جمع أغراضه ونصحه بعدم السماح لها بالسيطرة عليه.. إلى أن وصل إلى نهاية الشارع حين تملك أعصابه وقرر أن يتحدث لابنته. فركن العربة جانبًا وشرح لابنته ضرورات إطاعتها له: «أفهم لماذا لا ترغبين في الجلوس في عربتك عند مغادرتنا السوبرماركت ولكن هذا ضروري لأني لا أملك ثلاث أيدي، اثنتين لحملك وواحدة لدفع المال مقابل الأغراض». ومن ثم يطلب منها الجلوس لوحدها ويقنعها بضرورة الجلوس لكي لا تقع عربتها إلى الوراء بسبب ثقل الأغراض المعلقة عليها. تجلس الطفلة وتفرح في أن يكون وزنها قادرًا على إقامة التوازن المطلوب.**

ينفع دائمًا مع الأطفال تحميلهم مسؤولية عمل ما كي يضطروا لإطاعة الأوامر. أما بالنسبة للنزوات، فلا يقوم بها أي طفل في هذه السن لأنّ قدراته الفكرية لا تسمح له بتطوير هذه الاستراتيجيات. فهو يتصرف على هذا المنوال لأنه يسعى لفرض استقلاليته على وجه الخصوص.

يشعر الأطفال الصغار جدًّا أحيانًا بالاستياء وقد بيّنت الدراسات بأن الطفل الصغير يمضي 40 بالمائة من وقته... في حالة انتظار!

مجرّب ومقبول

★ عندما يُفرض على طفل قيد ما، فيجب ألا يجد الطفل نفسه أمام الغرض أو في الموقف الذي قد يسبّب مشكلة. قدّما بديلًا مثيرًا للاهتمام وراقباه عن كثب لمنعه من تكرار الأمر.

★ لا يفهم الصغار معنى كلمة «كلا» من البالغين إلا إذا تمّ تكرارها بشكل منتظم كي يتمكنوا من تسجيلها.

★ لا تعتبرا الطفل الصغير «كبيرًا» قبل أوانه. فقبل بلوغ عمر 3 سنوات، يصعب عليه فهم منطق المنع مثل عدم الصراخ في السلالم أو قطع الطريق لوحده. وبالتالي فإنّه يحتاج لتيقظكم لحمايته من قراراته العفوية.

★ يعيش الطفل في لحظته الحالية. ومن المهم أن يُشرح له مباشرة عواقب تصرّف غير مناسب لكي يفهم طلبكما.

★ أعلنا التعليمات على طفلكما بشكل مسبق، ولكن لا تكرّراها؛ وإلا فإنّ الطفل سيعتاد على عدم إطاعتكما سوى بعد التذكير الثالث أو الرابع.

★ اسمحا للطفل باختيار ما يريد بين حلين عوضًا عن فرض خياركما عليه.

★ عند اقتراح خيار ما، اشرحا له بوضوح ما تسمحان به: «يحقّ لك، في المنتزه، أن تقفز عن الحاجز عندما تكون ممسكًا بيدي فقط، وإن كنت تريد القفز لوحدك فيمكنك أن تفعل ذلك في حوض الرمل».

الترغيب بإطاعة الأوامر

يكون الطفل في عمر 1 إلى 3 سنوات بطبيعته فضوليًّا ومليئًا بالحيوية والنشاط ولا يطلب سوى أمر واحد: التعلّم! ولذلك يجب الاستفادة، دون أي تردّد، من الرغبة في الاستكشاف، وفهم كل الأمور، وإعطائه فكرة جميلة وجيّدة عن الحياة، وتعزيز ثقته في نفسه. ولن تأتي هذه الثقة في النفس إلا إن قمتما باستخدام الكلمات التشجيعية في الوقت المناسب لكي يكون فخورًا بجهوده. أكثرا من استخدام "الكلام الحنون" حتى عندما تقولان كلمة "كلا". قدّما له التهنئة على التحسّن المحرز عوضًا عن تعظيم حماقاته. وسوف ترون بأنّ الطفل سوف يكبر سعيدًا وفخورًا ببداياته في إطاعة والديه!

الأولوية للطافة!

تعلّم احترام الغير

★ تكنّ لمى، سنتان ونصف السنة، لأخيها مبارك، 4 سنوات، كل الإعجاب وتنفّذ أوامره في المنزل حرفيًّا؛ فهو الذي ينظم الألعاب وبمجرّد أن تلمس الطفلة لعبة ما حتى يستحوذ عليها. وتقوم لمى بتقليد تصرف أخيها في الحضانة إلى أن أصبحت مثيرة فعلًا للرعب!

★ **أبلغت أخصائيات الأطفال الأم بتصرّفات ابنتها فتقرّر أن تخصّص بعض الوقت لتبيّن لابنتها وابنها مدى الاستفادة من معاملة الآخرين بلطف وكياسة. فتقترح عليهما أن يركزا كل طاقتهما في نشاط ممتع: المبادلة! فتقوم باختيار لعبتين من ألعابهما المفضّلة لتستخدمها في «نشاطات أولى موجّهة لتعليم المعاملة اللطيفة». سوف يلعب مبارك بقارب القرصان في حين تلعب لمى بالطائرة ومن ثم يتبادلان الألعاب. ويستمتع الطفلان بلعبة التبادل الجديدة التي تترك فيهما تأثيرًا مباشرًا. ومنذ ذلك الحين، اقتصرت تدخلات الوالدين على التحكيم في أوقات التبادل.**

يعتبر تأثير الوالدين على الحياة الاجتماعية لطفلهما هامًّا، فهما يشجعانه على التشارك، واللعب لعبة الأدوار، فيشكل ذلك دروسًا تعليمية ممتازة للطفل. وتبيّن هذه التدريبات أيضًا بأنّ الوالدين يستطيعان طرح خيارات عندما يعترضان على تصرّف سيئ. وهذه كلها طرائق لفرض السيطرة الإيجابية التي يتبعها الأطفال.

كلمات تبعث على الراحة

«برافو، أحسنت في تشارك قطع الليجو أثناء اللعب!»؛

«مبارك، لماذا لا تقرأ كتابًا لأختك؟ أنت تعلم تمامًا بأنّها مولعة بذلك!»؛

«مبارك، لا يوجد شخص آخر يستطيع أن يضحك أخاك الصغير مثلك...»

يمكن لأدائك أن يكون أفضل!

تعديل تصرف غير مرغوب به

★ تتسلى كوثر، 18 شهرًا، إلى حد كبير، في هذا الوقت، بارتكاب أكبر عدد ممكن من الحماقات! فعندما تجمع شقيقتها أجزاء صورة البازل، تقوم بإعادة خلطها. وتمزق رسمتها، وتوقع الأشياء على الأرض لكي تحدث أصواتًا وتزعج الجميع.

★ **يدرك الأب بأنّ ابنته تحاول، من خلال اختبار سيطرتها على الأشياء، أن تلفت الانتباه إليها. ولكنه لن يتركها تنفذ ما ترغب به على مزاجها! فيتعامل مع كل موقف بشكل مختلف. يبدأ بإزالة الإغراءات: يجب اللعب بلعبة البازل لتركيب الصور على طاولة ويتم تعليق الرسومات على علو بعيد عن متناولها. ولا يبيّن لها استنكاره عندما تقوم بإسقاط كومة الصحف، بل يطلب منها ببساطة أن تقوم بالتقاطها وفي حال عدم الحصول على أي نتيجة فإنه يتجاهل كوثر تمامًا. وتحتاج الطفلة إلى بعض الوقت لكي تفهم بأنّ تصرفاتها لا تولد الاستجابة المباشرة من والديها. وعندما تفقد شريكًا في لعبة المواجهة، تضطر الطفلة لترك هذه العادة المزعجة.**

من المسلي أن نكتشف بأنّنا مسيطرون على الكبار ويمكننا بسهولة أن نتذاكى عليهم! ولا يعود أمام الآباء سوى تطبيق الإجراءات التي تجعل الطفل يملّ من ارتكاب الحماقات لجذب الاهتمام إما بالحؤول دون إرباك الآخرين في نشاطاتهم أو بتشجيعه على اللعب بطريقة مختلفة.

يركز الأطفال على مشاعرهم في سن 7–8 سنوات.
ويصعب عليهم أن يضعوا أنفسهم مكان الآخرين وفهم آرائهم. وهم يستخدمون استراتيجية واحدة عند مواجهة أي مشكلة.

تحت أمرك؟

إيقاف الطلبات المتتالية

★ «ماما، تعالي! احمليني! أنا عطشانة! اعطيني قطعة حلوى! افتحي خزانتي!» مائة مرة في اليوم. تملي جوهرة، 3 سنوات، أوامرها على أمها بنبرة صارمة. وعندما لا تذعن الأم فورًا لأوامر ابنتها، تفجر الطفلة نوبة غضب.

★ لم تعد الأم تتحمّل طلبات جيسي، ولذلك فسوف تأخذ زمام الأمور بيدها. ومنذ الطلب الأول، تقوم باتباع سلوك جديد وتبعث لابنتها رسالة بسيطة وواضحة: «لا، لن آتي بسرعة، وسوف أنهي ما أقوم به حاليًّا ثم سوف آتي إليك إلا إذا قمت بمناداتي مجددًا.» تتقبّل جوهرة الوصول المتأخر لأمها. وتفشل المحاولة الثانية لأنّ الصغيرة لا تتمكن من السيطرة على عفويتها ولكن الأم تتمسك بقرارها. يومًا بعد يوم، تتعلم جوهرة تحمل التأخير وفي كل مرة، تحصل على تهنئة أمها على التقدم المحقق.

إنّ المضايقة التي يمارسها الطفل تترجم، في أغلب الأحيان، في صعوبة الانفصال عن أحد الوالدين. وفي حال لم تعالج هذه العاطفة فإنّها سوف تحفزه على طلب المزيد دائمًا وإن تعرّض بسبب ذلك للتوبيخ! لأنّه إذا قام الأب أو الأم بتوبيخه فإنّهما على الأقل موجودان معه!

تعتبر العلاقة المترابطة بين الوالدين والطفل أساسية لكي يكتسب الطفل ثقته بنفسه. وتترسخ هذه العلاقة خلال التكيّفات الدائمة عبر تفادي التواصل بنبرة الأمر لأنّ ذلك لا يعجب الآخرين.

مجرّب ومقبول ★★★

★ علّما طفلكما في سن صغيرة كل الكلمات اللطيفة («من فضلك»، «شكرا»، «هل تستطيع») عند طلب أي أمر وقدما له التهنئة عند استخدامها.

★ عندما ترغبان بتعديل تصرّف غير مرغوب به، أثبتا لطفلكما بأنّه قادر على حسن أداء أي عمل دون رفع المستوى المطلوب أكثر من اللزوم. وسوف يدوم أول نشاط تدريبي للانتظار عدة دقائق، ولن يدوم تبادل الألعاب أكثر من عشر دقائق.

★ اشرحا دائمًا تصرفاتكما بعد استخدام الرفض. فالطفل الصغير بين سنة وسنتين من العمر لن يفهم لماذا يحصل على التهنئة عندما يرغي الصابون على يديه عند تنظيفهما ولكنه يحصل على التوبيخ عندما يغطس يديه في زلال البيض المخفوق في المطبخ.

★ عندما تكون الأجواء متوترة وتريان الطفل في خضم ارتكاب الحماقات للفت الانتباه، لا تتحدثا معه سوى عن التحسّن الذي يحرزه، وعن تصرفاته الجيدة، لكي يشعر بأن ذلك هو ما تحبونه فيه.

ساعداه على تسوية مشاكله الصغيرة

★ في حال كان النشاط يدور حول لعبة واحدة تثير رغبة أطفال آخرين بها، قوما بوضع خطة تعاقب.

★ لكي نتفادى بقاء الطفل مركزًا للاهتمام عندما يكسر شيئًا، يفضل تفادي تحقيق الرضا من خلال التوبيخ وتفضيل فرض عمل تعويضي من خلال المساعدة في لملمة ما كسر.

★ عندما يتسلى بإسقاط كل شيء، قوما بتطوير حس الترتيب لديه بإيلائه بعض المسؤوليات: ترتيب الوسادات على الكنبة، وضع الأقراص الرقمية بتكديسها بشكل جميل. ولا شك بأنّه سوف ينزعج إن قام أي أحد ببث الفوضى في تحفته!

الانضباط «أربع نجوم»

قليل هو عدد الأطفال الذين يقرّرون بدء حياتهم بجعل حياة والديهم في غاية الصعوبة. ولكن يمكنهم أن يصبحوا صعبي المراس في حال لم يقدّم لهم برنامج للانضباط «أربع نجوم». ويناط بكما أن تضعا لطفلكما قائمة متوازنة منثلاث إلى أربعقواعد صغيرة يسهل احترامها. احرصا ألا تجعلا هذه القائمة مليئة بالممنوعات «السريعة» بحيث تزخر بالمحظورات التي تفرض عليه دون أن يفهم أسبابها؛ بل أعطياه الوقت لاستيعاب نصائحكما وفقًا لوتيرته الخاصة. وعندها فإنّه سيعرف أنّ إطاعة الأوامر ليست بالأمر الرهيب وسوف يعي بأنّ اتباع القوانين الأسرية يجعل الحياة أكثر متعة...

هذا ممنوع!

قوانين الشارع

★ في هذا الصباح، أثار مؤيد، سنتان ونصف السنة، الخوف في قلب كل المارّة الذين رأوه يترك يد والده لقطع الطريق ركضًا. كانت حركة قام بها دون أن يدرك عواقبها، لأنّه كان سعيدًا للحاق بطابته الصغيرة واسترجاعها. لم يفهم ردّة فعل والده الذي وبّخه توبيخًا قويًا وضربه على يده ضربة خفيفة!

★ يشعر الوالد بالذنب لأنّه لم يراقب طفله جيدًا ولم يمتلك أعصابه جيدًا بحيث قام بالصراخ على ابنه وضربه على يده للتنفيس عن خوفه. وعند العودة إلى المنزل، قام الوالد وابنه بإعادة التجربة باستخدام شخصيات صغيرة من البلاستيك وسيارات. ثم اتفقا على قانون بسيط لتطبيقه في الشارع: سوف يمشي مؤيد من الآن وصاعدًا على الجهة ذاتها، على طول جدران المباني. يوافق مؤيد على ذلك ولكن الوالد لا يستسلم لهذا الاتفاق بشكل كامل إذ إنّ الصبي الصغير معرّض للنسيان!

الصغار عمليون ولذلك يُنصح بمضاعفة عدد الأمثلة ولعبة التظاهر كما فعل هذا الأب لأنّ ذلك أفضل بمائة مرة من الشروحات، مهما كانت تفصيلية. أما بالنسبة للضربة الخفيفة على اليد، فإنّها تبيّن بأنّه، في حالات مماثلة، من الصعب كثيرًا أن يكون الإنسان مثاليًا عندما يتعرّض الطفل لأي خطر. ولكن يفضل الاستغناء عنها تمامًا لأنّها لا تنفع أبدًا

إرشادات مفيدة

تولّد ردات فعل الوالدين الغاضبة في مواجهة سلوك سيئ لدى الطفل مشاعر عدم الاستقرار والخوف.

مرة واحدة فقط!

أثبت جدية القاعدة الأسرية

★ لا يرغب يعقوب، 3 سنوات، أبدًا بإطاعة الأوامر. ويجب القول إنّ اللعب أكثر متعة من ارتداء لباس النوم أو تنظيف الأسنان عندما تطلب منه أمه ذلك. ولذلك فإنه ينتظر دائمًا حتى تفقد صبرها قبل أن يقرّر إطاعتها.

★ **تشرح له أمه بأنّها وضعت قانون لعبة وبكل بساطة، يتعيّن عليه من الآن فصاعدًا، عندما تطلب منه أي شيء، تنفيذ أوامرها مباشرة! يفتح يعقوب عينيه وبعد خمس دقائق عندما يرفض ترك لعبته لتناول الطعام الذي أعدته أمه، تأخذه أمه بيده بكل هدوء ولكن بإصرار، وتتوجه إلى المطبخ. يعبّر الطفل عن انزعاجه ولكن جاذبية الشوكولا التي يراها في المطبخ تنسيه رغبته في المقاومة. وتقوم الأم، خلال النهار كله، بمضاعفة النشاطات مع مراعاتها في المرحلة الأولى أن تؤدي طلباتها إلى مواقف ممتعة. وبعد مرور أسبوع من الجهود المشتركة، أصبح يعقوب يطيع والدته من المرة الأولى ويفخر بذلك!**

من الصعب دائمًا تعديل العادات السيئة ولهذا يفضّل تغييرها بكل هدوء وبأسلوب المفاجآت لأنّ تلك هي الطريقة الأفضل لكي يتعاون الطفل معكما. ولكن من الأفضل أن يتعلم الطفل بشكل مبكر إطاعة الأوامر من المرة الأولى. وسوف تصبح إطاعة الأوامر أمرًا طبيعيًا.

كلما كان الطفل صغيرا في السن، كلما زادت أهمية إرفاق الكلمات بإشارات إذ يبيّن ذلك:

- بأنّ الوالد أو الوالدة مصرّان على الحصول على ما يرغبان به
- بأنّ الوالد أو الوالدة لن يغيّرا رأيهما ويمكنه أن يثق بهما.

التدخل أو ترك الأمور كما هي؟

الحدّ من الممنوعات

★ ثريا، 3 سنوات، تصرّ دائما على الرفض. فهي ترفض ارتداء ملابسها حين يحين وقت الذهاب إلى الحضانة، وترفض أن تحصل على المساعدة في غرز شوكتها في الفاصولياء الخضراء أو عند تنظيف يديها. القائمة طويلة وأعلنت الحرب بين ثريا ووالديها.

★ **ملّ الوالدان من كثرة توبيخهما لابنتهما فوضعا «خطة هجوم». قرّرا إزالة كل مصادر النزاعات التي تدفع الطفلة إلى عدم إطاعتهما. فإن أرادت أكل الفاصولياء بيديها، فسوف يسمحان لها بذلك؛ وإن أرادت اللعب بالصابون لعشر دقائق، لا يقولان لها شيئًا. أما بالنسبة لباقي الأمور، فإنّ والدها يقيم معها تواصلًا قائمًا على القدوة! ففي اليوم التالي، عندما رفضت ثريا ارتداء ملابسها، يشرح لها بأنّه لم يحصل على الوقت لارتداء ملابسه بسببها، وبالتالي سوف يرافقها إلى الحضانة في ملابس النوم! تتفاجأ ثريا من كلام والدها وتسرع إلى أمها لتخبرها فتقوم الأم «بإقناع» الأب بارتداء ملابسه. وعقب قصة الأب مع ملابس النوم، سوف تقوم ثريا بارتداء ملابسها في غضون خمس دقائق.**

من المفيد أن نفصل بين القواعد الضرورية والقواعد الأخرى. وعندما يشرح للطفل سبب ضرورة إطاعة الأوامر من خلال الأمثلة، تتاح له فرصة فهم وقبول التسويات بسهولة أكبر. وبالعكس، فإنّ الأكل بالأصابع بين الحين والآخر ليس بالأمر الخطير. وبذلك يصبح الطفل أكثر استقلالية على طاولة الطعام.

إرشادات مفيدة

من الضروري أن يكتسب الطفل، منذ سن الطفولة، سلوكيات مناسبة تعزز شخصيته في المستقبل.

مجرّب ومقبول

★ عندما يرفض الطفل أحد طلباتكما ويركض بعيدًا عنكما، امتنعا عن اللحاق به. وانتظرا حتى يتوقف فخذا بيده، وانخفضا إلى مستواه، وانظرا في عينيه وكرّرا الطلب عليه.

★ إن صرخ الطفل، توقفا عن الكلام وحافظا على تعبير وجهكما هادئًا حتى يهدأ. يمكنكما تكرار الطلب مجددًا بنفس الأسلوب.

★ إن كان يحب أن يجعلكما تركضان وراءه حتى يرتدي ثياب النوم، اقلبا العملية. «ارتد ثياب النوم أولًا ثم سوف أركض وراءك لمدة خمس دقائق».

★ ركزا على قاعدتين أو ثلاث قواعد ونبّها جليسة الأطفال والجدّين بأنّكما تودان أن يتبع طفلكما هذه القواعد.

خطط مضادّة للمعارضة

★ ساعدا طفلكما على عدم الرفض بشكل تلقائي بالسماح له باتخاذ بعض القرارات الصغيرة لوحده: اختيار ملابس الغد، اختيار الحلوى، مكانه على الطاولة.

★ قدما لطفلكما الذي لا ينصاع لتعليماتكما بسهولة خيارات إيجابية 100٪ مثل «هل تود اللعب في المنتزه أو دفع عربة الأطفال؟ هل تود إطعام البطات أو تفضل أن أقوم بذلك بنفسي؟».

★ تجنبا البدء بالطلب باستخدام «هل تستطيع؟ هل تريد؟» لأنّها تفتح الباب على مصراعيه أمام الرفض القاطع لنوبة المعارضة.

★ يستجيب الأطفال بقوة لردات فعل الآباء. ويخافون من تعابير الوجه التي ترتبط بالغضب، ويحزنون من النبرة المنزعجة فيشعرون بأنّهم عديمو المنفعة وحمقى.

7

اسأل الخبراء

ماري- نويل تاردي، طبيبة نفسية للأطفال

هل يجب التغاضي بحكمة عن نوبة المعارضة التي يفجرها الطفل في عمر السنتين أو على العكس يجب معارضته لكي نضع حدودًا له؟

تشكل نوبة المعارضة للطفل في عمر السنتين مرحلة طبيعية من نموه، ومن الضروري أن يتمكن من «التجرؤ» في هذه المرحلة في التعبير بحركاته وكلماته الأولى عن معارضته؛ فهو بذلك يفرض نفسه كشخص منفصل عن والديه. ولكني قد لا أشجع على استخدام الحكمة بل أكثر على ضرورة العطف عليه وضرورة ضبطه. ويجب على الوالدين ألا يسمحا لنفسيهما بالتأثر بابنهما ولا إعادة النظر بقرارهما في مواجهة نوبات صغيرهما، إذ يعتبرها بعض الآباء عبارة عن لوم أو انتقاد. ومن الضروري ألا يفقد الوالدان ثباتهما وفرض مسافة بين الطفل والبالغ. فالكبار وحدهم لهم السيطرة. افرضا القواعد والحدود وذكرا الأطفال بها كل يوم بوضوح وصرامة فذلك من شأنه أن يعود بالفائدة خلال نوبات المعارضة الحادة. ومن المهم أن يقوم الوالد بشكل خاص بتذكير ابنه بالقواعد لضبطه وتطمينه. ولكي يتمكن الطفل في مرحلة لاحقة أن يتخذ القرارات ويحسن الاختيار، فمن المهم أن يتعلم الطفل اتباع القواعد التي يضعها الوالد. ويتعيّن على الوالد أن يلعب دور الفاصل بين الأم والطفل: فالاقتراح على الأب في غرف الولادة بقطع الحبل السري يعكس هذا الدور.

عندما يرفض الكبار طلب الصغار فيعبّرون عن معارضتهم بالصراخ في وجههم، نتكلم عن نزوات الأطفال. هل هذا صحيح؟

تعبّر كلمة نزوة عن طفل يبحث عن الإرضاء السريع لرغباته مهما كانت. ونوبة الطفل في عمر السنتين تشير أكثر إلى مسألة الفردية منها إلى نزوة. يبحث الطفل عن فرض شخصيته المستقلة عن شخصية والديه باعتراضه على طلبهما أو من خلال عدم تقبل رفضهما. وعندما لا يواجه الطفل من والديه أي فرض للحدود فإنه سوف يبحث عنها من خلال مضاعفة عدد نوبات المعارضة – ما من شأنه أن يظهر سلوكه كأنه نزوة.

وفي المقابل، فإن إكراه الطفل على القيام بما لا يريد قد يفجر نوبات غضب كبيرة واستفزازات لا حصر لها. ولكن المعارضات المتعلقة بأمور خطيرة (مثل الطفل الذي يضع يده على باب الفرن الحار) يجب مواجهتها وضبطها حتى النهاية. أما بالنسبة للباقي، فيكفي فرض الحدود بوضوح والتذكير بالإطار التعليمي مرة أو مرتين في اليوم. ومن الضروري أن نبقى صارمين وعطوفين وعدم السخرية – ولو بلطافة – من الطفل الذي يمرّ في هذه الفترة من النمو.

في حال لم نفرض القواعد على الطفل في سن صغيرة، فهل من خطر في أن نفقد السيطرة عليه تماما في المستقبل؟

تعد هذه الفترة من النمو عامة لبناء شخصية الطفل إذ يتعين عليه أن يثبت استقلالية شخصيته كما عليه أن يحترم الاختلافات بين الأجيال والتعرف على وظائف الوالدين – بث الطمأنينة ووضع الحدود والتذكير بالقواعد. ومن الممكن أن يعاني الطفل الذي لم تفرض عليه حدود في

هذا العمر فيما بعد وأن يصبح مراهقا صعب المراس أكثر من غيره. ولكن للإنسان تعقيداته ويمكن أن يتم تعويض أمور كثيرة. وقد سبق لي أن استقبلت في عيادتي الاستشارية أطفالا ربتهم أمهم لوحدها وكانت مصابة باضطرابات نفسية خطيرة جعلتها تدخل المستشفى. حصل هؤلاء الأطفال على حنان وحب كبيرين ولكنهم لم يتعرضوا أبدا لأي رفض. كانت لهم الحرية المطلقة تقريبا لاتخاذ أي قرار، ولم يتبعوا أي قاعدة. ومع أنّهم كانوا خاضعين للمتابعة النفسية، إلا أنّهم كبروا ليصبحوا أصحاب شخصيات راقية ومنضبطين وإنسانيين بسبب قوة شخصيتهم ومقاومتهم.

لمجرد أن يكون الطفل مشاغبًا فإنّه يوصف بأنّه مفرط النشاط. ما رأيك بهذا الكلام؟

يبيّن النشاط المفرط اضطرابات في نقص الانتباه عند طفل يتحرك كثيرًا ولا ينام لفترات طويلة. ولا نطرح تشخيص فرط النشاط والحركة في هذا العمر المبكر إلا نادرًا. وشخصيًا، أعارض فكرة وصف طفل مشاغب ببساطة بأنّه يعاني من فرط النشاط والحركة بشكل مباشر. وقد أتطرق بشكل أكثر طوعية للقلق. ففي أغلب الأحيان، يتصرف الأطفال المشاغبون بسبب شعورهم بالقلق فيتحرّكون كي ينشغلوا عن هذا الشعور. وقد يتطوّر وضع البعض إلى العفوية في حين يصبح البعض مفرطي الحركة فعلًا، ويهدأ البعض الآخر عندما يحصلون على الطمأنة الصحيحة. تذكروا هنا دور الدب اللعبة الذي يوفر للطفل الطمأنينة في حالات الانفصال. ومن المهم أيضًا أن يسمع الطفل ما يشعر به غريزيًا. ولذلك ففي حالة انفصال الوالدين، يجب أن يشرح للطفل بأنّ الأب والأم لم يعودا متفقين ولكنهما يحبانه وسيظلان يحبانه حبًا كبيرًا طوال حياتهما. ومن الممكن تقديم الشروحات التي تنقصه من خلال مشاهدة ألبوم الصور سويًا أو التحدث معه عن أحداث ماضية.

صوفي بيلز، مديرة حضانة

كيف ومتى تتدخلين عندما يتشاجر طفلان على لعبة واحدة؟

في الحضانة، تمرّ فترة اللعب بالضرورة بمراحل تتخللها مشاجرات صغيرة على لعبة يرغب فيها الأطفال. وبالطبع، فإننا نبيّن للأطفال ونعلمهم أن يلعبوا بالدور ويحترموا وقت اللعب الذي يحصل عليه الآخرون. ولكننا نعرف بأنّ الطفل يحتاج لعدة سنوات لكي يتعلم كيفية اللعب مع الآخرين. ولن يتمكن إلا في سن الرابعة أن يستمتع فعلًا مع صديق له في لعبة واحدة بتنسيق أفعاله. ونطمئن دائما الآباء الذين يقلقون من هذه النزاعات: «لا تقولا لطفلكما بأنّه أناني إذا لم يرغب في إعارة لعبته أو بأنّه عدائي إذا رغب في استحواذ لعبة طفل آخر!» عندما يقوم الطفل الصغير بأخذ لعبة من طفل آخر، لا يكون سبب ذلك إغاظته بل تقليده. ففي هذه السن، يلعب التقليد دورًا هامًّا جدًّا. وقبل أن يتكلم الطفل، يصبح هذا الأمر وسيلته في التواصل.

من 3 إلى 6 سنوات

ورشة عمل الوالدين

التشجيع على احترام القواعد **ص 39**

الصراع على السلطة **ص 45**

العلاقات مع الآخرين **ص 53**

اسأل الخبراء ص 60

التشجيع على احترام القواعد

ها قد وصلتما إلى بداية مغامرة جديدة، ويتعيّن عليكما فيها أن تقنعا طفلكما بأنّه ليس مركز العالم! كيف السبيل لكي يزدهر، ويبني شخصيته، مع إقناعه بأنَّه من الضروري أن يؤجل رغباته أحيانًا إلى وقت آخر؟ يمكنكما تحقيق ذلك بتبني الصبر حياله بما يتماشى مع مواصفاته وصعوباته ومواطن ضعفه. طبِّقا وسائلكما كلما انزعجتما من تصرفات طفلكما ولكن بالتواصل والتحاور معه وليس من خلال إصدار الأوامر، وبذلك ستتمكنان من تعليمه قواعد الحياة!

الزاوية المحفزة للتفكير

وضع طفل في الزاوية حين يسيء التصرف

★ روزا، 3 سنوات، تبنت منذ دخولها الحضانة أسلوب معارضة مميّزًا: فهي تبصق! لا يرضى والداها عن تصرفها، خاصة وأنها بصقت على أمها عندما لم تقبل أن تلعب روزا بهاتفها الجوال.

★ **روزا تحب جدتها حبًّا كبيرًا، ولكنها تتفاجأ حين تمسكها جدتها بسرعة وتقودها إلى زاوية في الغرفة وتجلسها على كرسي وتقول لها دون أن تظهر مشاعرها لحفيدتها: «سوف تبقين هنا، لوحدك، وتفكرين بما قمت به.» وينصدم الوالدان حين يسمعان، بعد مرور خمس دقائق، ابنتهما تصرخ قائلة لجدتها بأنها فكرت. تتوجه الجدة نحوها وتعرض على روزا أن يلعبا معا لعبتها المفضلة، في إشارة منها إلى أن المشكلة قد انتهت. وسوف تعتمد طريقة وضع الطفل في الزاوية حين تتصرف روزا بشكل غير مناسب وبدأت تحسّن بسبب ذلك قدرتها على السيطرة على الأمور.**

وضع الطفل في الزاوية أفضل الوسائل لتفادي توجيه الانتباه أكثر من اللزوم إلى تصرّفات شريرة. فالطفل الذي يعي بأنّه يسبّب صدمة أو استفزازًا يرغب بشيء واحد فقط: إعادة التصرف ذاته. ولذلك فإنّ إبعاده دون إيلائه أي اهتمام والطلب منه إيجاد الموارد الضرورية لتسكينه، يحسّن تصرفاته الكريهة.

كلمات تعليمية

- أوفر معلومات: لا أريد أن تلمس هذا الشيء
- أشرح: لأنّه غرض سريع العطب
- أعيد: هل فهمتني جيدا؟
- أنبّه: أنا مضطر أن أوقفك
- أتصرف: أضعك جانبًا

أريد كل شيء، حالًا!

تعلم تأخير تنفيذ الرغبات

★ يصعب على لؤي، 4 سنوات، أن يفهم سبب تنفيذ بعض طلباته مباشرة في حين يتم رفض بعضها الآخر. وعندما تقوم أمه، يومًا، من منعه مشاهدة التلفزيون، يصرخ قائلا: «تعالي هنا، حالا!». وعندما لا تنفذ أمه أمره، يركض نحوها ويرفسها في رجلها! ويتطلب لؤي العدائي» استجابة سريعة وصارمة.

★ تنظر الأم في عينيه وتقول له بكل بساطة إنّه يحق للطفل أن يكون تعيسًا ولكن لا يحق له أن يضرب والديه أو يأمرهما. وتقوده نحو السلالم حيث يتوجب عليه الجلوس على إحدى الدرجات الفترة اللازمة لكي يهدأ. وعندما ينهي لؤي نوبته، تقوم بشرح الاختلافات بين رغباته واحتياجاته. فإن كان بحاجة لدخول الحمام، فإنها سوف تأتي حالًا لمساعدته على فتح باب الحمام؛ وإن كان يرغب في اللعب معها، فلن يستطيع ذلك إلا إذا كانت غير مشغولة بعمل آخر. ويتحوّل الحوار إلى لعبة تقوم فيها الأم بمضاعفة الأمثلة. ويميّز لؤي تمييزًا جيدًا بين مستويات الطوارىء المختلفة ويرضى الانتظار دون غضب!

من المفيد أن يتعلم الطفل التمييز بين احتياجاته الطارئة التي تتطلب تدخل الوالدين السريع، وبين الرغبات التي يمكن إرضاؤها في حال اعتبرت معقولة، وبالتالي يتمكن الطفل من الحد من التأفف وتعلم الصبر.

كلمات محبطة

«أرأيت ما فعلت!»؛

«أنت تثبط عزيمتي»

الرسائل الضرورية

«أريد أن تتوقف عن...»

«أعرف بأنك منزعج. ولكن لا أريد أن تقوم بـ...»

عندما أقول لا، فإني أعني لا!

شرح سبب الممنوعات بوضوح

★ يعدّ والد التوأمين أسامة وكريمة، 5 سنوات، قالب حلوى بالشوكولا ويسمح للطفلين بأكل بقايا الشوكولا التي سالت في الطبق. ولأنّه يعرفهما جيدًا، فإنّه يطلب منهما عدم مغادرة المطبخ إلا بعد تنظيف نفسيهما وألا يلعبا كالمجانين على الكنبة. وفي حال عدم إطاعة كلامه، فأنّهما سوف يحرمان من أكل قالب الحلوى في وجبة بعد الظهر. ولكنهما بعد خمس دقائق، يقومان بالقفز على الكنبة والشوكولا تغطيهما!

★ **يقول الأب بكل صرامة: «عندما أقول لا فأنا أعني لا! سوف تحرمان من أكل الحلوى». يغضب أسامة وكريمة وعندما يحين وقت وجبة بعد الظهر، يحصلان على اللبن الذي يحل محل الحلوى فتملأ الدموع أعينهما. تتحسّن الأمور في المساء وتخبر كريمة أمها بما حدث. ويبدو أن الكلام الذي قاله الأب كان أكثر تأثيرًا من العقاب الذي فرض عليهما. وتشرح كريمة لأمها بأنه عندما ينطق والدهما بكلماته المعروفة «لا يعني لا» فإنه من الضروري إطاعته! ويؤكد أسامة كلامها بتقليد النبرة القاسية لوالده وهو ينطق كلماته المعهودة فيما خبأ الوالدان ابتسامتيهما خلف منديليهما!**

الالتزام بالكلام ضروري لفهم أي من الممنوعات. أما بالنسبة للعقاب، فمهما كان خفيفًا، إلا أنه غير مفيد أبدًا. وعندما يكون العقاب قاسيًا جدًا، فإنه يولّد غالبًا رغبة في الانتقام ويعطي فكرة سيئة للطفل عن نفسه فيشعر بأنه مرفوض أو شرير.

العقاب لا يعطي نتائج إلا على المدى القصير: أقبل أن أطيع كي لا أفقد شيئًا يبدو لي في الوقت الحالي هامًّا جدًّا ... ولكني لا أتعلم شيئًا.

رسم الحدود!

النزاع الأوديبي

★ يلتصق باسم، 5 سنوات، حاليًّا بأمه ويلازمها حيثما كانت. إلا أنه يعارض والده، أكثر فأكثر، ويتصرف بغضب عندما يقوم هذا الأخير بأي حركة «حنان» حيال زوجته. ولكن باسم يعتبر أنّه من الطبيعي أن يقبل أمه على شفتيها ويعبّر عن «عشقه» لها بين الحين والآخر.

★ تهدىء الأم «عاشقها الصغير» بكل سكون وتعيد الأمور إلى نصابها، فهي تصرّ على الإبقاء على الحركات التي تحبها مثل القبلات العالية الصوت التي يطبعها الصغير على وجنتيها، والقفزات إلى عنقها التي تفقدها توازنها عندما تعود مساء من عملها. أما بالنسبة لتعابير العشق، فتقول له إنّه من الأفضل أن تُترك هذه العبارات للعشاق. ومن ثم يقوم الأب وهو «المنافس» له بالتدخل في هذه المسألة فينظم بعض النشاطات «الصبيانية» مع ابنه. فيقومان ببعض أعمال البستنة سويًا، ويتفقان على عدم إطاعة أمر من أوامر الأم، فيكون هذا التعاون فيما بينهما السبب في وضع حدّ للتنافس ويشعر الطفل بالفخر في أن يكون صديقًا لوالده!

سوف يقوم كلا الوالدين بمساعدة الطفل فالأم ترفض بلطف، ولكن بصرامة، الارتباط المفرط الذي يبيّنه لها، فيما يقوّي الأب علاقته بابنه ويجعلها مقاومة للعلاقة المسيطرة التي يودّ الطفل فرضها. وبذلك يرى الطفل أمامه صورة والدين يمسكان بزمام الأمور بكل صلابة.

عقدة أوديب، التي اكتشفها فرويد، تشكل مرحلة طبيعية في نموّ الطفل وتتّخذ شكل انجذاب لأحد الوالدين من الجندر المخالف له، وعدائية للوالد الآخر.

الصراع على السلطة

إنّه لمن الممتع للطفل أن يشعر بأنّه مهم، وأن يرى بأنّ له حصة الأسد في قلب والديه! ويجب أيضًا أن ينتبه الوالدان لعدم السماح لعقدة أوديب أن ترسي ركائزها في منزلهما وتدفع الطفل للتدخل بشكل مفرط في حياة والديه، أو يستحوذ على أمه أو والده الحبيبين لنفسه. ويناط بكما إذن وضع الحدود المناسبة مجددًا. تكون الضغوطات الأولى قوية ولكن عندما تكون المقاومة مفعمة بالمحبة فإنّه من الممكن وضع حدّ لمحاولاته في السيطرة على المنزل وسوف تحصلان على نتيجة مناسبة تمامًا للجهود المبذولة. ولا بد أن يستسلم المخادع الصغير لمتعة المشاركة والتعاون، وبذلك يصبح أكثر فخرًا بنفسه!

مجرّب ومقبول
★★★

الوضع في الزاوية

★ لا تجبرا طفلكما في أول مرة تضعانه في «الزاوية المحفّزة للتفكير» أن يظل لفترة طويلة. بعض الدقائق كافية لكي يستوعب الطفل خلال المرة الأولى التسلسل التالي:

- أمسك يدك؛
- أطلب منك الجلوس بعيدًا، في الزاوية؛
- أنت من ستخبرني بأنك أصبحت مستعدًّا للعودة.

★ إن رفض الطفل الجلوس تمامًا، نفذا هذه العملية بشكل سريع بإبقائه لعدة ثوان في مكانه كي يفهم ما يُتوقع منه ... في المرة القادمة!

★ يجب ألا يكون الجلوس في الزاوية تجربة مهينة. يجب أن يجلس الطفل بارتياح ويفكر بما كان من الأفضل القيام به كي لا يكون في هذا الموقف.

★ احرصا على ألا يجذب الطفل انتباهكما حين يكون جالسًا في الزاوية بحركاته المضحكة لأنه يجب ألا يحصل في هذا الوقت على أي فرصة إلهاء.

★ لا يُنصح بإرسال الطفل إلى غرفته أو إقفال الباب عليه لأنّه قد يتسلى بألعابه وينسى بسرعة سبب إبعاده. وقد يمتلكه الغضب ويقوم بتكسير الأشياء فتضطران للتدخل ويحصل بالتالي على اهتمامكما من جديد.

هل وصلت الرسالة؟

★ احرصا على التدخل دائمًا بالطريقة ذاتها، وباستخدام الكلمات نفسها، عندما يسيء الطفل التصرف. فالقواعد الواضحة والمفهومة جيدًا تطمئن الطفل.

★ تفاديا التكرار فالأطفال يتأثرون بكلمة الرفض الصارمة أكثر منه بعدة تهديدات.

هذه الطريقة غير صائبة!

تجاوز حدود السيطرة

★ يحب كريم، 5 سنوات، اللعب مع أخته الصغرى البالغة من العمر سنتين لعبة «الطباخ الصغير». ويقلد والده بإصدار أمر لأخته بنبرة قاسية بأن توضب كل الألعاب التي قام بتوزيعها في كل أرجاء الغرفة، ويبيّن لأمه كيف يساعد سارة على تنظيف نفسها، بقدر مفرط من النشاط، عندما يستحمّان. وتؤلف أوامر الإبن الأكبر وصراخ البنت الصغرى سمفونية موسيقية تدوي في الآذان.

★ **تلاحظ الأم بأنّ الرسالة التعليمية التي لقنتها لابنها وتشجيعها له في أن يأخذ دوره كأخ كبير، لم تصل بالصورة الصحيحة. ولكنها كي لا تزيد من عاداته السيئة المكتسبة، وتتوقف عن الشعور بالغضب حيال تصرفاته بين الحين والآخر، فإنّها تقدم لكريم فرصة لعب دور الأخ الكبير بطريقة مختلفة. نظرًا لأنه يحب الاهتمام بالآخرين، فإنها سوف توليه مسؤولية مهمة من اليوم فصاعدًا: إما إعداد طاولة الفطور للأسرة مساء كي تكون جاهزة في اليوم التالي، أو الاهتمام بطبق شرب القطة. يختار كريم المهمة الثانية ويؤديها بكل فخر ويحصل بفضلها على تهانىء أفراد الأسرة. وبالطبع، بما أنّ أخته لا تزال صغيرة فإنه لا يحق لها الحصول على هذه الامتيازات.**

من الضروري أن يتمكن الطفل من استيعاب صفاته وقدراته، وأن يُحكم عليه بناء على ما يقوم به وليس وفقًا لموقعه بين الإخوة فذلك يساعده على أن يفهم بأنّ امتيازات الكبار لا تقتصر على فرضها على الصغار.

كلمات تبعث على الراحة

«تعال أخبرني إن قامت أختك بمضايقتك» عوضًا عن «تدبر أمورك!»

«فلتعدّ لنا طاولة جميلة المظهر لأنك محترف في هذا الأمر» عوضا عن «قم بإعداد الطاولة.»

هذا ليس خطئي!

تعلم اتخاذ القرارات بنفسه

★ قرّر اليوم مصطفى، 6 سنوات، وصديقه الأكبر سنًّا والبالغ 9 سنوات «تسلم زمام الأمور» على طريقة القراصنة بطرد الأطفال الباقين بعنف من الأرجوحات على الرغم من توصيات أبيه الشديدة. وعندما يتدخل الأب، يصرّ الصبي الصغير بأنّ ذلك ليس خطأه، ويلوم صديقه بأنه أجبره على لعب دور القراصنة.

★ **الأب غير موافق على ما يقوم به ابنه ليس فقط بسبب ارتكابه هذا الخطأ بل بسبب تجاهله لتعليمات والده. فيذكر مصطفى بأنه منعه من الألعاب العنيفة وبأنّه سوف يواصل منعه إلى أن يتوقف لوحده. ويتعيّن عليه أن يقوم باختياراته لوحده وإن كانت مختلفة عن خيارات صديقه. ومن ثم يستخدم أمثلة واضحة ومرحة ليجعل ابنه يتذوق طعم الضحية المضطرة لارتكاب الحماقات. فهل سيطيع صديقه إن طلب منه اللعب بالرمل مع الأطفال الصغار، أو بالدمى مع الفتيات؟ وعندما يجيب على السؤالين بالرفض البات، يفهم مصطفى بأنّه قادر على القيام بخياراته الخاصة.**

يتعيّن على الطفل أن يعي عواقب خياراته الخاصة: عدم إطاعة الأوامر أو التعرض للتوبيخ، أو القدرة على الرفض – وهذا ليس بالأمر اليسير. ويتمكن الطفل، عند القيام لوحده بخياراته، في تعزيز قدراته على الرفض وستتطوّر لتصبح ثقة بالنفس.

عندما يبيّن الوالدان لطفلهما بأنّه قادر على القيام باختياراته الخاصة، فإنّهما يساهمان في:

- تطوير ثقته بنفسه
- رسم صورة إيجابية عن نفسه
- تعليمه الانضباط الذاتي.

الماما تطمئن!

تعزيز صورة الأبوين

★ عادت والدة رلى، 3 سنوات، من العيادة حاملة بين يديها الأخ الرضيع. تشعر بالتعب وتحتاج لأخذ قسط من الراحة. وفي اللحظة التي تغرق فيها في نوم عميق، تأتي الطفلة الصغيرة وتطلبْ منها ربط شعرها. في هذه اللحظة، تصرخ الأخت الكبيرة البالغة 12 سنة في وجه أختها قائلة: «أنت أنانية، ولا تفكّرين إلا بنفسك! اسمعي، ماما متعبة وإن لم تكوني لطيفة معها، فسوف تزداد تعبًا»، وتُخرج أختها من الغرفة.

★ الأم غير موافقة على ردّة فعل ابنتها الكبيرة. فتقوم بطمأنة رلى وتقول لها بأنّ الأبوين قويان ولا يمرضان بسبب أطفالهما. ثم تساعدها على التعبير كلاميًّا عما كانت ترغب بقوله عندما أيقظتها من النوم. هل كانت الصغيرة تريد الاستحواذ على أمها لنفسها؟ هل كانت تريد أن تقول لها إنّها تحبها كثيرا؟ هل كانت تريد أن تعرف أمها بأنّها بحاجة لها مثل الطفل الرضيع؟ وتوافق رلى على كل هذه الأمور بهزّ رأسها. تقبل أيضًا، بعد أن تطمئنها بكل حنان بأنها تكنّ لها حبًّا كبيرًا، أن تفرض أمها عليها عقاباً صغيراً: أن تلعب في غرفتها فيما تقوم أمها بقراءة صحيفتها بهدوء. وعندما يعمّ الصمت أرجاء المنزل، يظهر جليًّا بأنّ الرسالة قد استوعبت.

غالبا ما تولّد الشكوى، وإظهار الضعف البدني أو النفسي عكس النتيجة المنشودة، إذ تدفع مشاعر القلق وعدم الأمان والإجهاد الطفل إلى التصرّف، غصبًا عنه، لجذب الانتباه ويبيّن بأنّه مهم وبحاجة لوالديه كي يستمرّ بالحياة.

بالنسبة لفرويد، يسمح الضمير باستبطان الممنوعات التي يفرضها الوالدان ويعطيه القدرة على كبتها.

من يحكم في المنزل؟
توزيع السلطات الوالدية

★ فادي، 4 سنوات، طفل صغير مخادع يعرف تمامًا كيف يتصرف حيال السلطة المتشدّدة لأمه والسلوك المتساهل للأب! وهو يفضل الذهاب مع أبيه للتسوق لأنّه غالبًا ما يشتري له مفاجأة ما. ولكن فادي حوّل هذه الحركة اللطيفة إلى واجب، وأصبح أكثر تطلبًا مع والدته التي يدعوها «شريرة» و«أكرهك» إن رفضت أن تبتاع له لعبة ما.

★ يقوم الوالدان بتقديم شروحات إلى فادي لكي يفهم بأنّ لهما شخصيتين مختلفتين وبأنّهما يتشاركان كل شيء في حياتهما بما فيها السلطة! ولكي يساعداه على تغيير سلوكه، يختاران الاتفاق على التصرف بشكل موحد: لن يحصل فادي على هدية عند التسوق. ولتعزيز الفكرة، يطلب الأب من ابنه في السوبرماركت أن يختار باقة زهور لأمه. يفرح الصبي بتقديم الزهور لأمه فور عودته إلى المنزل ويشعر بالفخر لأنه لم يطلب أي شيء من والده.

حتى وإن كان الأمر غير يسير دائمًا، من الضروري أن يتفق الوالدان لكي يتجنبا قيام ابنهما باختبارهما بشكل دائم. ومن الضروري أيضًا أن نبيّن للطفل بأننا دائمًا على استعداد لمساعدته لكي يحسّن سلوكه. فهو بذلك يعرف حدوده كطفل في مواجهة الحاجز الوالدي المحب والمتعاضد.

يعدّ الشعور بالكره عاطفة سلبية مثل الغضب والحزن. ويساعد تدخل الوالدين في إخراج الطفل من هذا الوضع.

مجرّب ومقبول

★★★

★ عندما يعتبر الطفل أحد والديه منافسًا له ويقوم بمعارضته، ننصح بتنظيم الألعاب ضمن فرق بنات وصبيان.

★ من المهم أن يكتشف الطفل الخصائص المختلفة لوالده عندما يكون في طور تشكيل شخصيته الذكورية، وسيان الأمر بالنسبة للبنات مع أمهاتهن. ومن الضروري القيام بتشجيع توثيق العلاقات والتفاهم بين الأب والطفل والأم والطفلة فمن شأن ذلك أن يعزز مشاعر الحب بينهم!

★ يحصل الطفل الصعب دائمًا على اهتمام أكبر من الطفل «الليّن الطباع». ولكن يجب تخصيص فترة زمنية مساوية للعب مع كل طفل في الأسرة.

★ عوضًا عن التدخل عندما يأخذ اللعب منحى سيئًا، يفضل أن تقدم التهنئات والتشجيع للأطفال عندما يلعبون سويًا بشكل جيد.

★ فليكن العقاب إيجابيًا. فإنّه من الأفضل دائمًا الطلب من الطفل تنظيف الحديقة من أوراق الشجر المتساقط من أن يتم حرمانه من مشاهدة التلفاز وبالتالي إثارة غضبه.

★ افرضا على الطفل حدودًا وقيودًا ولكن لا تبخلا عليه بالتهنئة عندما يقوم بأداء أعمال جيدة مثل إغلاق التلفاز عند انتهاء برنامج الرسوم المتحركة، ورمي ورقة تغليف البسكويت في سلة القمامة.

★ أظهرا لطفلكما بوضوح بأنّ له واجبات حيال الأصغر سنًا منه وبأن له امتيازات بسبب سنه، وخصّصا له في غرفته رفًا يضع عليه الألعاب التي لا يريد مشاركتها مع أحد. وسوف يكون مسؤولًا عن ترتيبها.

★ يفضّل أن يكون للطفل فرصة التعبير عن رأيه بخصوص كل ما يخص راحته اليومية، ولكن يفضل تفادي إعطائه قدرًا مفرطًا من السلطة على كل شيء: مثل اسم أخيه الصغير القادم أو المقصد المختار للعطلة المقبلة.

العلاقات مع الآخرين

تحصلان أحيانًا على إشارات تنبيهية تختصّ بطفلكما: فقد تبلغكما المعلمة يومًا بأنّ طفلكما يتصرف بوقاحة؛ وفي اليوم التالي، تصابان بالصدمة بسبب استخدامه كلمات بذيئة. وفي الوقت نفسه، تلاحظان بأنه أصبح يغضب ويصرخ ويضطرب ويواجه أحيانًا الرفض من الآخرين، وتشعران بأنكما لا تستطيعان تحمل ثورانه الدائم.

اعلماعلما بأنّ حركاتكما، ونظراتكما، وكلامكما يحدّدان تصرفاته مع الآخرين. ويجب أن تتنبّها لعدم انغراس الإحساس السلبي بأنّه «طفل مضطرب وغير مؤدب» شيئًا فشيئًا في نفسه. ويناط بكما أن تنزعا عنه هذه الوصمة التي تضرّ به. ويمكن القيام بتصويب عيوبه من خلال اللعب وحفزه على اكتشاف متعة التواصل مع الآخرين بهدوء واحترام.

لا ثم لا للآداب السلوكية!

تعليم كيفية تحسين التصرف مع الآخرين

★ دانـي، 5 سنـوات، صبـي صغيـر شديد الـحيويـة والـنشـاط والـحركـة. وبسبب ذلك تشكو منه المدرّسة لأنــه يـؤدي حـركـات تـهـريـجيـة حتـى بـات يُعـرف بـالمدرسة بـهذه الأمـور السلبية. شعرت أمه بـالتعب من كثرة الشكاوى السلبية، وسوف تساعده على حسن التصرف والسيطرة على نفسه.

★ تـفرض الأم علـى ابنـهـا لـعبـة مـمـيـزة. ففـي كل مرة يرفض فيها التعاون خلال اليوم، يحصل على فرصتين إضافيتين. فإن أطاعها في الفرصة الأولى، فإنّه يفوز بنقطتين؛ وإن أطاعها في الفرصة الثانية، يحصل على نقطة واحدة. وفي حـال رفض الإطاعة، يتوجب عليه الجلوس في ركن هـادئ علـى كرسي لمدة 5 دقائق. فرح الطفل بهذه اللعبة، فقام بإطاعة الأمر من المرة الأولى، ولكن كل الوضع تدهور لاحقًا. حافظت الأم على هدوئها وكانت تضعه في الركن كل مرة. وفي نهاية المطاف، حقق الطفل عشرين نقطة وعشرين جلسة في الـركن. ويـومًـا بـعد يـوم، تظهر الوسيلة المتبعة كفاءتها!

يستحوذ اللعب على اهتمام الطفل ويولد حماسًا كبيرًا. وعندها تسهل الأمور على الجميع، وينصاع الطفل للتعليمات الموجهة له. ويفترض أن تأخذ التعليمات منحى إيجابيًا بحيث تكون مكوّنة من بضع كلمات مختلفة تمامًا عن المحاضرة السلبية التي يسمعها الطفل طوال اليوم.

كلمات تبعث على الراحة

«أحسنت، لقد بذلت جهودًا كبيرة»؛ «إني فخور بك».

حركات تبعث على الراحة

- ضربة كف بكف عندما يطيع الطفل دون شكوى موقفًا معارضًا له.
- غمزة عين عندما يطيع الأوامر بسرعة.

ردود وقحة

حسن التصرف

★ لا يعرف والدا مارية، 5 سنوات، من أين حصلت ابنتهما على هذه الطريقة الجديدة في الرد عليهما عندما يوجهان لها ملاحظة. ولكن ثمة أمر واحد مؤكد، فإنّ هذا الأسلوب الجديد يعطيها قوة ويصعب بعدها إسكاتها. وفي الحافلة، تتصرف بطريقة وقحة وتجيب بطريقة مستفزة تضطر الأم بسببها لتهدئتها.

★ عند العودة إلى المنزل، تصف الأم لابنتها بهدوء الأسلوب الذي سيتم اعتماده حيال تصرفاتها الوقحة: سوف تتوقف عن التحدث معها لمدة نصف ساعة. كانت فترة التوقف عن الكلام للمرة الأولى مجهدة للأم، لأنّ مارية حاولت بكل جهدها لفت انتباه أمها كي تضطر للتحدث معها. ولكن عندما أدركت البنت الصغيرة بأنّ الأم لن تنصاع لها، انسحبت للعب في زاوية الغرفة. وبسرعة، بدأت العادة السيئة تتلاشى، وباتت مارية تقطب حاجبيها وتكتف ذراعيها كلما شعرت بالغضب!!

أحيانًا من الصعب أن تكون الكلمة الأخيرة لكما أو إسكات الطفل الذي يعي تمامًا بأنّ أسلوبه الوقح يفرض قوته على البالغين. ومن الأفضل عدم اعتبار هذه التغيرات المزاجية حالات هجومية ضدكما. وحينها يكون الصمت أفضل حليف لكما.

كلمات لا جدوى منها

«فكر!»؛ «أسكت قليلًا».

استبدلاها بطلبات أخرى

- «أتود المساعدة في حلّ مشكلتك؟»
- «أيمكنك التحدث بهدوء أكبر؟»

أريد أن أقول لك كلمتين!

تصرفات مزاجية غير مضبوطة

★ والد باسل، 6 سنوات، في حالة من السخط الشديد لأن المدرّسة شكت من سوء انضباط ابنه ووقاحته. فعندما ملّ الصغير من انتظار مدرّسته كي تأتي وتساعده في تشغيل الحاسوب، قام بتوجيه كلام بذيء لها! شعر الأب بالصدمة واعتذر ثم خرج بسرعة من المدرسة بصحبة ابنه. وأعد له كلمتين أراد أن يوجههما له في المنزل!

★ يعلن الأب لابنه باسل بأنه لا يودّ أن يتلفظ ببعض الكلمات ويقترح عليه وضع قائمة بالكلمات التي يمكن أن تعبر عن الغضب أو نفاذ الصبر وبأنّه يرغب في أن يقولها له بين الحين والآخر. وبما أن الصغير يحب تعلم كلمات جديدة، فإنه يعدّ مجموعة كبيرة من كلمات «الغضب». وينتهي الدرس بمفاجأة صغيرة إذ يتلفظ الأب همسًا في أذن ابنه بكلمات بسيطة على أنها شتيمة ويطلب منه استخدامها حصريًّا عند الغضب أثناء اللعب فقط. ويعتمد الصغير قائمة كلمات الغضب المؤدبة ويقتصر استخدامه على «الشتيمة» أثناء اللعب.

من المهم تطمين الطفل حتى في كلامه، بالابتعاد عن إسكاته والشرح له بأنّه يكره الاستماع لبعض الكلمات لأنها قد تسبّب الحزن للبعض ويمكن أن تجعله يدخل في قائمة الأطفال «غير المؤدبين»، ولذلك، ينبغي له ألا يستخدمها.

حتى إن شعرت بأنّ الطفل لا يفهم معنى بعض الكلمات، إلا أنه يعرف بأنّ هذه الكلمات «الممنوعة» قوية وتولد ما يلي:

- ضحك الأطفال الآخرين
- صدمة البالغين
- نتائج تجعل الطفل يرغب في تكرار التلفظ بها لشد الانتباه.

نحن جميعًا مختلفون!

الحاجة للفت الانتباه

★ تختلف طباع بسمة، 3 سنوات، تمامًا عن طباع شقيقها سامي، 5 سنوات. فهي خجولة جدًّا وتطلب دائمًا حنان والديها في حين أنّ شقيقها الأكبر قيادي في صف الكبار! ويشعر الوالدان بإرهاق شديد غالبًا بسبب تلبية طلباتهما للاهتمام بهما. ولكن الأب يجد حلًا بعد التحدث مع معلمة بسمة والاستماع لنصائحها.

★ **يشرح الأب لولديه أنّه، من الآن فصاعدًا، يمكن لكل منهما الجلوس مع والده أو والدته بشكل حصري لمدة 15 دقيقة يوميًا. ويقوم الأب بتطبيق خطة عمله فورًا. وفي نهاية اليوم، يلعب مع بسمة لوحدها فيما يأخذ سامي حمامه. وبعد ذلك، يحين دور سامي للاستحواذ على والده. وبعد حصولهما على هذه الأوقات المخصّصة لكل منهما، يشعر الطفلان براحة نفسية كبيرة. وينجح الوالد في تحصيل النتائج بسرعة كبيرة فقد أعطى لكل من طفليه وقتًا مخصصًا للاستماع لهما، دون أن يسعى لتعديل طباع أي منهما.**

يكفي أحيانًا تخصيص بضع دقائق صغيرة في اللعب مع الطفل لتعديل تصرفاته الكريهة. وتكون هذه الأوقات بالفعل الوحيدة التي يحصل فيها الطفل على آذان والديه الصاغية 100% وتشجيعهما... وخلالها أيضا يحقق الطفل رغبته في الشعور بالاهتمام والحب والتهنئة على حسن التصرف.

كلمات تعزز الثقة بالنفس

«أنت تحب أخذ وقتك» عوضًا عن «أنت بطيء»

«أنت دائمًا في أحسن حال» عوضًا عن «أنت دائمًا عصبي».

مجرّب ومقبول
★★★

قل كلمتك

★ تولد كلمة «كلا» في بعض الأوقات لدى الطفل شعورًا بالغضب. وينصح باستبدالها بتعابير أخرى مثل «نعم ولك بعد أن تقوم بكذا وكذا» أو «ليست فكرة جيدة أن ...».

★ خذا احتياطاتكما الحذرة واذكرا له قائمة الكلمات التي لا تودان أن يتلفظ بها وحذراه بأنّكما لن تتكلما معه لفترة 15 دقيقة في كل مرة يتفوّه بكلمة من هذه الكلمات.

★ إن اعتاد على استخدام كلمات بذيئة عندما يشعر بأدنى قدر من الغضب، تدخلا بسرعة واقترحا عليه كلمات معروفة مقبولة للتعبير عن غضبه.

★ تفاديا أن يبدو على وجهيكما شعور بالصدمة عنما يتفوه بكلمة غير مقبولة لإضحاك إخوته وأخواته على طاولة الطعام. يفضل اعتماد طريقة الإلهاء برواية قصة مضحكة، أو طرح حزورة. فبذلك تبوء حركات الطفل غير المؤدبة بالفشل.

★ قسّما النهار إلى عدة أقسام وسجلا وتيرة تكرار الكلمات البذيئة خلال فترة زمنية معينة. قدّما له التهنئة حين يمتنع عن التفوّه بأي من هذه الكلمات خلال هذه الفترات لكي تثبتا له بأنه قادر تمامًا على التخلي عنها.

السيطرة المُحكمة

★ قبل أن تقوما بأي اتصال هاتفي أو نشاط من نشاطات البالغين، حققا احتياجاته وطلباته بتخصيص فترة 10 دقائق له حصريًّ والطلب منه عدم إزعاجكما بعد ذلك.

★ ناقشا مع طفلكما العقوبات الصغيرة التي سوف يتعرّض لها في حال تصرف بشكل سيئ فذلك سوف يسمح له بقبولها بسهولة أكبر ويقضي على الصراخ الغاضب والبكاء المتكرّر بسبب تفاجئه بردة فعلكما أكثر من العقاب.

★ عندما ينتهي موقف ما، فإنه قد انتهى تمامًا. فبعد تسوية مشكلة سوء تصرف، ننتقل إلى أمر آخر ولا نخبر ما حصل لباقي أفراد الأسرة كيلا يشعر الطفل بالفخر بما ارتكبه من حماقات!

★ لتكن سلطتكما إيجابية: «يجب ترتيب ألعابك. حضرت لك سلتين: واحدة للسيارات، وواحدة للكتب».

★ عندما تقدمان التهنئة والتشجيع لطفلكما لدى بذله الجهود المطلوبة، فإنّكما تقدمان له القوة التي يحتاج لها إلى حد كبير لتحقيق تقدم في حياته.

اسأل الخبراء

ماري- نويل تاردي، طبيبة نفسية للأطفال

لطالما كانت السيطرة مخصّصة للأب. اليوم، تغيرت الأمور: فقد أصبح الآباء أكثر حنانًا وأقل صرامة. هل هذا الأمر أفضل فعلًا للطفل؟

ينبغي أن تختص السيطرة بالوالدين وقد كانت هذه الحال في الماضي، ولا سيما عندما كانت الأمهات تبقين في المنزل. إلا أنّ التذكير بضرورة الانصياع للأوامر والقوانين بصورة أقوى من مهام الأب الذي كان مسؤولًا عن منع الانصهار بين الطفل والأم بالاستمرار لفترة طويلة والسماح للطفل بالخروج إلى العالم الخارجي لإيجاد مكان له في العالم. ولا علاقة بين السيطرة والصرامة بتاتًا إذ إنّها عبارة عن حالة دفاعية نفسية سيئة جدًا في بناء شخصية الطفل. ويحتاج الآباء الصارمون لمساعدة نفسية حقق منها الآباء – وهم ندرة – الذين استعانوا بها الفائدة! ويعتبر حنان الأم الذي يبديه الأب لطفله في غاية الأهمية في أيامنا الحالية بما أنّ الأمهات أصبحن يعملن في الخارج وبات من الضروري تنفيذ تبادل في الأدوار – كما هو الحال عقب الانفصال أو موت أحد الوالدين.

ولكن أرغب في التذكير بأنّه يجب ألا يتحوّل دور الأب إلى «أم مكرّرة»، بل أن يتيح الفرصة لزوجته الحاصلة على القدر الكافي من الحب والراحة النفسية، من ممارسة وظيفتها كأم بسكينة فتقدم لطفلها الحب والطمأنينة ضمن علاقة خالية من الانصهار. فعندما يواجه الطفل بشكل دائم تبادل الأدوار الوالدية، يصعب عليه التمييز بين الجنسين وخصائصهما. ولكن

حصول الطفل على المزيد من الحنان والعطف والتحدث بشكل خاص مع والده ضروريان لنمو الكائن الصغير.

تمارس العديد من الأمهات ضمن أسَر أحادية الوالدين دوري الأم والأب. فهل من أخطاء تقليدية ينبغي تفاديها؟

أعطي الأسَر الأحادية الوالدين نصيحة أولى أوجهها للأمهات مفادها أن يتفادين الإرهاق. وتكون الأمهات اللواتي تحصلن على مساعدة الأب، سواء على شكل مبلغ مالي أو تمضية بعض الوقت مع الطفل، أكثر راحة من غيرهن، شريطة أن يكون النزاع الأسَري قد انقضى وألا يكون الطفل قد استخدم من قبلهما كأداة ضغط. وإني أذكر أيضًا بضرورة الحصول على مساعدة من أخصائيين لتخليص الطفل، بدون تأخير، من النزاع الأسَري. عندما تكون الأسرة أحادية الوالدين منذ البداية أي أنّ الطفل لم يعرف والده أبدًا، فإنّه من المهم أن نذكر الطفل بوجود هذا الوالد. ويساعد إدراج رجال (العم، الخال، صديق العائلة) في حياة الطفل على تشكيل شخصيته كما ينبغي على الأم أن تعترف بمكانة الأب. وبشكل عام، تدبر الأم أمورها جيدًا عندما تعيش بشكل منفتح على الآخرين لأنّ الخطأ الأسوأ هو أن تعيش مع طفلها بشكل منغلق. ومن المهم أن نذكرها بأنّ تربية الطفل تحتاج لمجموعة من الأفراد فهي من خلال الاستعانة بالآخرين مثل أمهات أخريات، أو أفراد آخرين في الأسرة، يمكنها استرجاع قوتها وتتيح للطفل العيش مع الآخرين.

ما رأيك بضرب الطفل على قفاه أو يده؟

يعتبر الضرب على اليد أو الرجلين أو القفا حركة صغيرة تثير الغيظ وترسي حدودًا للطفل الصغير. وإن ظلت هذه الحركة قليلة الاستخدام، واقتصرت على الأوقات التي يشعر بها الوالدان بأنّهما شديدا التعب، فالأمر غير

خطير. قد يشعر الوالدان بالرضا عند تسديد الضربة للطفل في لحظتها ولكنها ستجعلهما يشعران بالذنب بعد ذلك وقد يكون من المفيد أن يقدما اعتذارهما لطفلهما. ولكن يوجد دائمًا حلول أخرى. فمن جهتي، أنصح بالعزلة لبضع دقائق على أن يعقبها تقديم الطفل للاعتذار والتعويض (بأن يقوم مثلا بعمل ما). ولكن ينبغي الابتعاد تمام البعد عن الضرب على الوجه والجسد بأسلوب خطير وصادم لأنّها تندرج ضمن التصرفات السيئة وقد تعرّض الشخص للمساءلة القانونية في بعض الدول.

كلود سان-بليز، مديرة حضانة

ممَّ تتكون دروس التعليم المدني في الحضانة؟

نرغب أن نحفز الصغار على ما يعني «العيش سويًّا». فنقوم بتنظيم نقاشات مستعينين بحالات ملموسة وواقعية ولا سيما تلك التي تحصل في فترات الاستراحة أو في الصف والتي ترفضها المعلمات. «لماذا لا نستطيع البصق على الآخرين؟»، «لماذا لا نستطيع أن نضرب أو نرفس الآخرين؟»، «ما هي الأساسات الهامة لحسن التفاهم؟»، «ما الذي تشعر به عندما يسخر الآخرون منك؟». يقوم كل طفل بالإجابة على الأسئلة وتقوم المعلمة بكتابة الأجوبة على ورقة تلصق في دفتر يومياته. ويخبرني الآباء يوم الإثنين في أغلب الأحيان بأنّهم أكملوا هذه «الحوارات الفلسفية» في المنزل خلال إجازة نهاية الأسبوع.

إيمانويل نواتولي، معالجة نطق

هل يعيق النمو السيئ للغة النشأة الاجتماعية للطفل؟

بالطبع! عندما يعجز طفل في سن 3–4 سنوات عن التعبير بشكل جيد، ووصف مشاعره، ورغباته، ومخاوفه، يقوم طبيب الأطفال في أغلب الأحيان بتحويله إلى معالج نطق. ومن شأن جلسات إعادة التعليم،

وتمارين الإلقاء أن تساعد الطفل على تحسين لغته بسرعة ولفترة طويلة. ومن الطبيعي أن يحاول الطفل الذي لا يمكنه التكلم جيدًا التحدث باستخدام الحركات، ولكنه يتعرّض بسرعة، ولا سيما في المدرسة، لمشاكل مع رفاقه. ويعتبر التأخر في النطق وضعًا شائعًا جدًا عند الصغار. ومن المهم أن يطمئن أطباء الأطفال والمعلمون الآباء ويوجهوهم نحو الاستعانة بمعالج نطق.

من 6 إلى 10 سنوات

ورشة عمل الوالدين

الانضباط الذاتي
وقواعد الرفاهية **ص 67**

قواعد حسن التصرف
في المجتمع **ص 75**

اسأل الخبراء ص 80

الانضباط الذاتي وقواعد الرفاهية

هل أنتما مستعدان للتفاوض؟ أن تعملا عمل المحكّم عندما تندلع النزاعات في المدرسة؟ أن تقفا صامدين ملتزمين بموقفكما كوالدين حيال الانحرافات التي يقوم بها الصغار؟ بالطبع! فهذه الأخطاء هي بالتحديد التي تجعلهم يتقدمون وينضجون. ويناط بكما تعليمهم كيف يثقون بالآخرين، واكتساب حس المسؤولية، والتفكير بشكل مستقل، وإرساء أنفسهم كأفراد بشخصيات مستقلة! وبذلك سوف تحصلان على متعة إفادتهم من خبراتكما وتجاربكما ولكن لا بد أن تظهر أيضا مشاكل ونزاعات. وسوف يساعد هذا المسلك خطوة بخطوة طفلكما على التحكم بمشاعره للاستمتاع بطفولته تمامًا.

هل تستطيع السيطرة على نفسك؟
تعلم الانضباط الذاتي

★ لم يعد والدا ياسر، 7 سنوات، يطيقان مراقبة ابنهما من الصباح حتى المساء واضطرارهما إلى ترديد طلباتهما عشر مرات كي يستمع لهما. كما أنه اعتاد التوجه مباشرة نحو التلفاز بعد المدرسة في موعد وجبة العصر ليقضي في مشاهدته نصف ساعة كانت مخصّصة لعمل آخر. وقد كانت هذه العادة تضايق والديه كثيرًا.

★ تحاول الأم وضع حد للنزاعات اليومية، فتعلن له بأنّ عليه أن ينظم يومه بنفسه حتى موعد العشاء. ويتفقان سويًا على موعد وجبة العصر، وموعد القيام بالواجبات المدرسية، وموعد الحمام. وفي حال اختلطت عليه الأمور وتأخر في إنجاز أي منها، فلن يذكره بها أحد، ولكنه سوف يحرم في اليوم التالي من نصف الساعة التي يقضيها في مشاهدة التلفاز كي يتمكن من تعويض وقت التأخير. شعر ياسر بالفخر لحصوله على هذه المسؤوليات الجديدة، وعمل على احترام المخطط بحذافيره حوالي ثلاثة أيام. ولقد وقع في بعض الأخطاء، ولكنها ستخف تباعًا وسوف يصبح الطفل متعاونًا أكثر من قبل.

• عندما يبدي الطفل مقاومة سلبية بتمضية وقت طويل جدًا في إتمام عمل ملزم به، فإنّه يكون من الأفضل رفض دخول لعبته ومحاولة السيطرة على الأمور. ولكن اقتراح التزامه بجدول زمني يقوم بالتخطيط له بنفسه سوف يعلمه الانضباط الذاتي.

كلمات المدح التي تسبب الراحة وتشجع

«إني أرى بأنّك أحسنت إنهاء الواجبات المنزلية وأنّك نظفت نفسك استعدادًا للعشاء».
«إني سعيد برؤيتك تدبر أمورك لوحدك».
«أحسنت! ما كان بوسعي أن أنجز هذا الأمر بشكل أفضل!».

في منزلنا، التعويض إلزامي!

تحمّل عواقب أعماله

★ قررت جيهان، 8 سنوات، أن تبدي رأيها بكل شيء. وتتعرّض، في المدرسة، غالبًا للمعاقبة. أما في المنزل، فإنها تطلق انتقاداتها ساخرةً من كل أفراد العائلة. ولكن السلوك الجديد للصغيرة أثار غضب والدها، خاصة في هذا المساء حين دخلت إلى غرفة أخيها دون إذن وقامت بعدها «باللعب» مع أختها بحبسها في الحمام.

★ «**هنا في منزلنا، الأمور تختلف عن المدرسة، لا يوجد عقاب بل تعويض عن الأخطاء**» يقول الأب لابنته ويطلب منها أن تعرض على أختها تعويضا يبث في نفسها الراحة. وتختار جيهان أن تغني برفقتها كل أغنيات الحضانة. كان تعويضًا مناسبًا لأنّ الأخت الصغيرة تتقن أكثر من عشرين أغنية! ويعقب ذلك تدخل الأخ الذي يطالب بأن تقوم بترتيب غرفته! لحسن الحظ، كان الأب موجودًا لوضع الأمور في نصابها المتوازن ويعفي الصغيرة من القيام بعملية الترتيب ويفرض عليها فقط تنظيف سلة المهملات في غرفة أخيها.

من المهم أن نخفي عصبيتنا وانزعاجنا وألا نطيل الكلام عن الخطأ المرتكب والاهتمام بنوعية التعويض الذي يجب ألا يكون قرارًا متسرّعًا بل نتيجة تفكير وأن يحصل على موافقة الطرف الثاني. وبذلك فإنّ الجانبين سيفهمان عدالة التعويض.

الانضباط الذاتي في أربع مراحل:

1. فهم المشكلة
2. الطلب من الطفل البحث عن حلول
3. إقناع الطفل بقبول التعويض المختار من الشخص المعتدى عليه
4. تقديم التهنئة للطفل عندما يتم التعويض بالشكل المناسب

أعذار غير كافية...

رفض التعويض عن الخطأ

★ يميل باسم، 10 سنوات، للغضب لأبسط الأسباب وحين يدخل إلى غرفته، يغلق الباب بقوة كبيرة فيخلع مقبض الباب! بعد ربع ساعة، يهدأ الصبي ويقدم اعتذاره لأمه.

★ **تعبّر أمه له عن فرحتها بأنّه هدأ ولكن الاعتذار غير كاف وبذلك فإنّه يتعيّن عليه أن يدفع من ماله الخاص تكلفة المقبض الجديد. يغضب باسم ويبدأ بالصراخ: «إنه ليس خطأي كما أني اعتذرت وإنّي أرفض أن أدفع من مالي الخاص.» لا تدخل الأم في لعبة المعارضة بل تشير له بأنّ رفضه تقديم التعويض عن خطئه سوف يعرّضه لبعض المشاكل. وسوف يتوجب عليه الانتظار شهرًا قبل الحصول على الحذاء الذي يرغب به. وسوف يستخدم جزء من سعر الحذاء في شراء مقبض باب جديد. يناقش باسم موضوع التعويض مليًا ولكنه مضطر لقبوله. وسوف يحترم قوانين المنزل التي تفيد بأنّ أي شيء يكسر بسبب غضبه يعوّض عنه من ماله الخاص أو بأعمال منزلية.**

الأعذار غير كافية، وإن كانت ضرورية، إلا أنّ الطفل لا يعرف من خلالها كيفية التعلم من أخطائه. ولهذا السبب، من الضروري توقع تعويض في حال ارتكاب أي خطأ.

الاعتراف بسلوك مسيء يساعد في تصويب هذه التصرفات.

1. إني ألتزم بتصويب خطأي.
2. أحقق هدفي عندما أغير سلوكي وأختار الاستراتيجية الصحيحة.
3. أصبح أكثر كفاءة واستقلالية.

بث روح التعاون
تحفيز الأطفال على المشاركة في الأعمال الأسرية

★ يعتني والد رلى، 10 سنوات، بها وبأخويها التوأمين البالغين 7 سنوات في منتصف الأسبوع. يعشق الأب الأوقات التي يقضيها مع أولاده ولكن الأمور تسوء حين يطلب من أولاده ترتيب المنزل قبل وصول الأم من عملها. ويشعر بالغضب عندما ترفض رلى مسح طاولة المطبخ لكونها متعبة من درس الرقص!

★ يقرر الأب خلال تناول وجبة العشاء التحدث عن ضرورة التعاون بين أفراد الأسرة ولكن أجواء النقاش يشوبها التوتر. وتقترح رلى أن يعتمدوا في المنزل ما يحصل في منزل صديقتها حيث يقوم كل طفل في بداية الأسبوع باختيار العمل المنزلي من قائمة الأعمال التي تعدها الأم. وفي حال اختار طفلان العمل ذاته، يقومون بعمل القرعة عليه. وعندما يهمل أحد الأولاد عمله المختار، تُتبع قاعدة بسيطة: في الأسبوع القادم، يحصل الطفل المخطىء على عمل منزلي إضافي. وابتداء من اليوم التالي، تم لصق قائمة «البرنامج المنزلي» على البراد!

- يكسب الطفل بمشاركته في الحياة المنزلية حس المسؤولية وتبث فيه الرغبة في مساعدة الآخرين بشكل طبيعي. وللنجاح في هذا الأمر، يفضل أن يترك للطفل حرية اختيار ما يود القيام به. ومن جهة أخرى، يجب على الوالدين فرض سلطتهما بمراقبة تنفيذ العمل الموكل إليه بالشكل المناسب.

التسويف مصطلح يشير إلى عادة سيئة: تأخير الأعمال المملة إلى وقت آخر.
وتكون الأسباب غالبًا:
- رفض السلطة
- غياب التحفيز والتشجيع
- شعور بالإحباط حيال الكم الكبير من العمل المطلوب.

مجرّب ومقبول

★★★

حلول جيدة لتهدئة الطفل

★ عندما يعارضكما طفلكما معارضة تامة، حاولا على مدى نصف يوم عدم تعريضه لانتقادات جارحة وتسليط الضوء على الأوقات التي يكون فيها لطيفًا.

★ أعطيا الطفل مساحة أكبر من الحرية لكي يقوم بالاختيار: فيمكنه اختيار النشاط الموسيقي أو الرياضي أو الفني لأدائه في يوم من أيام الأسبوع ولكن يفرض عليه الالتزام باختياره والانضباط بمواعيده؛ ويمكنه أيضًا اختيار ترتيب ألعابه قبل أو بعد الاستحمام، ولكن يجب أن يكون ذلك قبل تناول وجبة العشاء؛ ويمكنه أيضًا اختيار المكان الذي يريد أن يؤدي واجباته فيه ولكن يجب أن يقبل أن يراجعها والداه.

★ اتركا لطفلكما الحرية في الإبداع الطبيعي واطلبا منه ابتكار قاعدته الخاصة والعقاب المتوقع في حال التخلي عنها. ولأنه سوف يشعر بالفخر بهذه المسؤوليات، فإنه سيكون شديد الانتباه لما يقوم به.

★ يكون مفيدًا أن يتم الاتفاق مع الطفل، تمامًا كما عند إبرام أي اتفاقية، على العواقب التي ستولدها سلوكياته السيئة حتى قبل أن تظهر أي من المشاكل.

أعمال إيجابية

★ تفاديا التهديد والانتقاد. طلب واحد واضح ودقيق كاف تمامًا.

★ عندما ترغبان بانتقاد طفلكما، استخدما الكلمات التي تصف سلوكه مثل «لم تسمع طلباتي، لم ترغب بمساعدتي، وقمت بإزعاج أخيك»، وعدم التطرق لشخصيته مثل «أنت أناني، بطيء، عنيف، غير مسؤول، وغيرها».

★ كلمات المدح الصادقة تحفز

الطفل على تحسين سلوكياته دائمًا (ولكن انتبها للمبالغات التي تبدو مزيفة!)

★ استخدما صيغة المتكلم (أنا) وعبّرا عن طلباتكما بإيجابية باستخدام صيغة الفعل المضارع. فالطفل يفهم عندما يقول أحدكما «أودّ أن تتوقف عن الاصطدام بالناس في الطريق» بنبرة صارمة أكثر من «ألا تستطيع الانتباه قليلًا» بنبرة متعبة.

العواقب والتعويضات

★ إفرضا عقوبات معقولة عندما لا تُحترم القوانين المنزلية: العزلة لبضع دقائق وليس لساعة من الزمن، مشاركة مالية عند كسر غرض باهظ الثمن وليس الحرمان الكلي من مصروف الجيب، وحرمانه من لعبه ليوم أو يومين فقط.

★ يشكل التغيير في المميزات تعويضًا مناسبًا للإهمال ويحفز الطفل على تحمل مسؤولياته. ففي حال تأخر الصبي أو الفتاة عند صديقه أو صديقتها عن الموعد المحدد له (لها)، اطلبا منه أو منها العودة في الزيارة القادمة قبل نصف ساعة وبذلك تساعدان على احترام الالتزامات.

★ تعاونا مع الابن أو الابنة على إيجاد بعض الأعمال الممتعة التي تضاف لاحترام قواعد الحياة المنزلية: لعق الوعاء الذي تم فيه تذويب الشوكولا لمن كان مسؤولًا عن العمل في المطبخ في ذلك الأسبوع؛ الحصول على حمام ساخن برغوة ممتعة لمن ترك خلال الأسبوع الحمام بمنتهى النظافة بعد استخدامه؛ وضع ملمع الشفاه على شفتي البنت التي لم تتفوّه بأي كلمة جارحة أو بذيئة طوال اليوم.

★ تتيح التعويضات للصبي أو الفتاة فرصة لمراقبة كلماتها وحركاتها. وسوف يجد المخطىء نفسه، بعد التفوّه ببعض الشتائم، بأنّه يقدر الشخص الذي تعرض للتجريح. وبعد القيام بحركة عنيفة، سوف يقوم بخدمة بسيطة لكي يدخل السرور إلى قلب الآخر.

قواعد حسن التصرف في المجتمع

ارتكاب الأخطاء ضروري كي يتعلم الطفل! وقد تتخذ هذه الأخطاء أشكالا مختلفة مثل تصرفات غير مناسبة تقومان بتصويبها مع ضرورة أخذ الوقت قبل الردّ. لقد قام الطفل بالغش في الامتحان، شتم صديقه، لم يحترم شخصًا بالغًا ... تجنّبا المبالغة في الردّ وكونا إيجابيين! اغتنما فرصة ارتكابه لهذه الأخطاء كي تثبتا له بأنّ القوانين لا يقصد منها إزعاج الأطفال! ولكي يفهم هذا الأمر تمامًا، خصصا وقتًا معيّنًا تنفردان خلاله معه وتقدمان له «درسًا في الحياة». علماه بأنّه لكي يستطيع العيش مع الآخرين، يجب أن يكون متسامحًا، ويحترم الآخرين، ويضع لنفسه حدودًا...

سوف أفضح الأمور!

الفضح أو التبليغ

★ سامر، 9 سنوات، يغضب عندما يعود إلى المنزل مساء معاقبًا عقابًا جماعيًا. فقد طلبت المدرّسة من كل التلاميذ نسخ فعلين مختارين خمس مرات في الماضي والمضارع، عندما اكتشفت بأنّ أصابع الطبشور التي تستخدمها للكتابة على اللوح الأسود قد تحطمت إلى أجزاء صغيرة. وأعطت التلاميذ يومين لينهوا ما طلبته، إلا إذا عرفت من ارتكب هذا العمل. يرفض سامر القيام بالنسخ وبات على استعداد لكشف اسم المخطىء.

★ يناقش الأب والابن الموضوع مناقشة مطولة. ويتحدث الأب عن ضرورة احترام الآخرين لكي يحظى باحترامهم. وبالتالي فإنّ عليه احترام المدرّسة التي لم تجد حلًا آخر سوى معاقبة الصف كله كوسيلة لحل المشكلة. ويتعين عليه أن ينجز العقاب الجماعي احترامًا لرفاقه الآخرين، وإلا فإنها قد تقوم بمضاعفة العقاب على الجميع. وأخيرًا فليس من مسؤولياته فضح المخطىء ولكنه يستطيع مناقشة مدى الاستفادة من العقاب خلال صف التعليم المدني التالي، أو خلال مجلس الطلاب، والطلب من المدرّسة تطبيق عقاب أكثر إنصافًا. وسوف يقوم الصبي بتطبيق كل نصائح والده ويبدأ أولًا بإنجاز عقاب النسخ.

يتعلم الطفل حسن التصرف من خلال إيجاد حلول مناسبة، حتى وإن كان يتعرّض لموقف غير منصف. ولذلك فإنّه من الضروري الاستماع له مليًا، والسماح له بالتنفيس عن غضبه، وجعله يشعر بأنّكما على علم بما يشعر به من حزن وعلى استعداد لمساعدته.

عندما يتعرّض الطفل لعقاب جائر أو سوء استخدام السلطة، يفضل تجنب تعليقات مثل «لم أعد أطيق الاستماع إلى هذه القصص»، «الأمر ليس خطيرًا»، «تدبر أمرك لوحدك».

أنا لا أطيع سوى والديّ!

معارضة سلطة البالغين

★ ترافق بلسم، 7 سنوات، وأخوها لؤي، 10 سنوات، والدتهما التي انفصلت مؤخرًا عن والدهما في زيارتها لأصدقاء. وفيما كان الكبار يتجاذبون أطراف الحديث، كانت بلسم ولؤي يلعبان مع الأطفال الآخرين في رمي طائرات ورقية من النافذة. ولكن رب المنزل لم يعجبه هذا الأمر وغضب وطلب من الأطفال مرافقته والنزول إلى الشارع وجمع كل الطائرات التي رموها. رفضت بلسم إطاعة الأمر «لا يمكنك أن تأمرني بأي شيء فأنت لست أبي!».

★ تتدخل الأم وتشرح لها بأنّ البالغين يكونون دائمًا متفقين عندما يرتكب الصغار خطأ ما. وتطمئنها بأنّ لا أحد يستطيع أن يحل محل والدها ولكن يجب أن تتصرف كما علمها بأن تقبل بكل أدب تدخل البالغين. ولوضع حد لهذا الموقف، تقوم الأم بمرافقة ابنتها إلى الخارج لكي تشارك في تنظيف الشارع. وسرعان ما يتحوّل الواجب المطاع إلى لعبة يصرخ خلالها الأطفال أثناء بحثهم عن الطائرات المنشودة. وهكذا تتحقق أفضل النتائج وتتبادل بلسم التهاني مع الآخرين.

- يبث شرح دور البالغين للطفل الثقة في نفسه، ويتيح له تقبل التعليمات. ويساعده الوالدان (اللذان لا يمكن استبدالهما بأي أحد) والبالغون الآخرون المسؤولون عن تعليمه في اتخاذ القرارات الهامة.

مراحل مناقشة المشكلة مع طفلكما هي:
1. الاستماع إلى مشاعر غضبه دون التلفظ بأي كلمة.
2. وصف مشاعركما بشكل مقتضب.
3. التعاون في إيجاد حل مقبول.

نستطيع القيام بذلك في منزل صديقي!!

تفسير الخيارات التعليمية

★ منير، 10 سنوات، مدعو لتمضية الليلة في منزل صديقه. وعندما تصطحبه أمه في اليوم التالي عند انتهاء اليوم الدراسي، تجد أمامها صبيًّا مختلفًا تمامًا! يصف لها ابنها ما فعله وصديقه بمشاهدة التلفاز حتى ساعة متأخرة من الليل قبل الذهاب للنوم لأنّ والدي صديقه يسمحان له بالقيام بما يريده!

★ لكل أسرة قواعدها الخاصة، تقول الأم. ولكن من يعتقد بأنّ سعادته مرتبطة بسهولة الأمور، وتنفيذها الفوري وبلا حدود لا بد أن يواجه العديد من المشاكل. ولكي يفهم الصبي الرسالة، تستخدم الأم مثالًا ملموسًا حين تسأله في اليوم التالي عن الدرجة التي حصل عليها في امتحان الشعر. يرتبك منير ويعترف بعدها لأمه بأنّهما حصلا على صفر في الامتحان لأنّهما عندما كانا يقضيان الوقت سويًا لم يفكرا بمراجعة الدروس للاختبار ولم يطلب منهما والدا صديقه ذلك! ويشعر منير بالندم لأنّ درجته هذه سوف تخفض درجته الإجمالية.

من المهم أن يرى الطفل كيف تتصرف الأسَر الأخرى ويكتشف مختلف القوانين الأسرية المفروضة فيها. وقد تكون بعضها، وإن كانت متشددة للغاية أو متساهلة للغاية، مفيدة أحيانًا لكي يكوّن الطفل رأيه بنفسه.

- **السيطرة** تعني فرض حدود تتيح للطفل إرساء شعور بالأمان.
- **الاستبداد** هو تصرف متشدّد لا يؤخذ فيه بالاعتبار سوى رأي البالغ.
- **التساهل** يتميز بغياب القيود. ويوفر للطفل مجالًا غير مقيّد لا يشعره بالأمان الذي يصعب عليه الشعور به.

مجرّب ومقبول

★ إن كان طفلكما يواجه غالبًا مشاكل في إقامة العلاقات في المدرسة، ساعداه على تغيير السلوكيات بتنظيم ألعاب الدور الصغيرة. فتارة يكون الناظر، وتارة أخرى المدرّسة أو المدير... ويمكنكما أن تلعبا دوره لكي تبيّنا له كيفية تفادي النزاعات أو تقديم الاعتذار.

★ إن كان طفلكما يعبّر عن رأيه بشكل «صريح» ويتحمل النتائج، أظهرا له من خلال لعبة الأسئلة كيفية الحصول على ما يرغب به دون فرض الأوامر أو الترجي: «ماذا تريد؟ ما الذي يجب أن تفعله كي تحصل عليه؟ كيف ستكون ردة فعلك إن لم تحصل عليه؟»

★ بيّنا له بأنّ الأدب أداة قيّمة تدفع عنه الملاحظات المزعجة من البالغين. ولذلك أجروا مسابقة عن أفضل عبارات الأدب اللطيفة التي تسمح بالتعبير عن رأيه المخالف لرأي الآخرين دون جرح شعورهم.

★ عندما يرفض الطفل تغيير سلوكه، يمكن استبدال الكلام بورقة وقلم ورسم الأشكال لكي تصل الرسالة! سوف يبدأ بكلمة «أودّ» وينتهي بتعبير «من فضلك، أبحث عن حل يرضينا نحن الاثنين» مع رسم صغير لشمس ووجه صغير مبتسم.

★ عندما يكون مدعوًّا للنوم عند صديقه، علّماه أن يكون ضيفًا مثاليًّا يحترم قوانين البيت ويشكر مضيفيه عند المغادرة.

★ تفاديا استجوابه عند عودته ولكن طمئناه باتصال هاتفي في المساء للتأكد بأن كل شيء على ما يرام وبأنّ بالغًا موجود في المنزل.

اسأل الخبراء

ماري- نويل تاردي، طبيبة نفسية للأطفال

كيف تتفاعلين في مواجهة طفل وقح مع والديه، فلا يستمع إليهما ويسخر منهما أمام الجميع؟

عادة يكون الطفل الذي يتصرف بهذا الأسلوب طفلًا غاضبًا، ويكون حاقدًا على والديه ولم يجد الكلمات المناسبة للتعبير عن مشاعره، وأحيانا يعاني من الغيرة أو من شعور بالظلم ولا يستطيع التعبير عن ذلك كلاميًّا. ويجب أن يُطلب منه السكوت بكل هدوء، وأن يُسأل عن أسباب غضبه ثم الإنصات إليه بعناية. ويشعر بعض الأطفال بأنه لا يُسمح لهم بالكلام ويعبران عن سخطهما بالوقاحة والاستفزاز. وقد قابلت على سبيل المثال أطفالًا كشفوا، بعد لعبهم بالهواتف الجوالة لوالدهم أو والدتهم، رسائل مثيرة للاضطراب (كعلاقة غير مشروعة) ولا يعرفون مع من يتحدثون عنها. ويمكن للمعالج أن يقدم مساعدة قيّمة. وأحيانًا، يظهر غياب الاعتراف بالسلطة الوالدية في حالات خرق أحد الوالدين للقانون (مثال الأم المريضة بالسرقة، أو الأب المعتقل، الخ) أو في حالة الصعوبات في فترات معينة من نشأته: عدم فرض القوانين بالشكل الصحيح في سن السنتين، صعوبات ناتجة عن عقدة أوديب عندما لا يستطيع الطفل إيجاد مكانته الخاصة...

هل تعتقدين بأنّ الاتفاق ضمن الأسرة والتفاوض المنظم بين الوالدين والطفل مفيدان أو من الضروري أن يفرض الوالدان وحدهما القوانين؟

القول بأن العنف يكتسب ويتناقل صحيح، ولكن لا يكون للأطفال جميعًا ردة الفعل نفسها عند مواجهتهم الحركات أو التصرفات العنيفة. وكلما كان الطفل صغيرًا في السن، مال إلى التشبه بالمعتدي عليه. وكلما كان أكبر في السن وله شخصية ثابتة، كان قادرًا على مقاومة هذه السلوكيات. ويبدي بعض الأطفال أحيانا نضجًا مفاجئًا في الصفح عن الحركات العنيفة المرتبطة «بقدر كبير من الهموم». ومن المهم أن نتحدث للطفل، وأن نشرح له السياق الذي مهّد لهذه التصرفات، والاعتذار أو التكفير عن ذنبه.

هل من علاقة للسيطرة التي يفرضها كل من الوالدين مع تجربته السابقة عندما كان طفلاً؟

هذا هو الواقع في أغلب الأحيان. فالأب الذي كان له والد شديد الصرامة سيكون هو أيضًا شبيهًا لوالده أو سيكون الوالد - الصديق لأنّه يهرب من المثال الذي كان عليه والده ولكنه يظل مرتبطًا به. ويمكن أن يشعر الطفل بالحزن حيال سلوك والدي غريب. وتعتبر المساعدة من طبيب نفسي أساسية للوالد كي يعي عواقب سلوكياته. ولكن البدلاء الخارجيين (المعلمين في المدرسة أو الخصوصيين، المدرّبين الرياضيين، ...) يلعبون دورًا مع الطفل ويمكنهم مساعدته على التئام الجراح في حال وجودها. وتسمح تجارب الحياة والعمل النفسي الشخصي أيضًا للوالدين اللذين يعيشان في حالة معاناة أن يتطوّرا لكي يقدما الأفضل لطفلهما.

كيف يمكن التمييز بين الطفل «المشاغب» والطفل الذي يعاني من مشكلة سلوكية فعلية ويحتاج لاستشارة مختصّ؟

من الضروري عرض الطفل الذي يوصف «بالمشاغب» على طبيب أو معالج بمجرد أن يضع نفسه في حالة خطر أو يعرّض الآخرين للخطر، وعندما يصبح سلوكه ساديًّا (فيؤذي الحيوانات أو زملاءه) أو تخريبيًّا. وعندما يشعر الوالدان بأنّهما وصلا إلى أعلى مستويات التحمّل، فإني أنصح بالحصول على استشارة مختصّ عوضًا عن ترك الوضع يتفاقم. وقد يكتفي المعالج المختصّ أحيانًا بطمأنتهما فحسب. وفي حال وجود مشاكل معتدلة المستوى، قد يقوم بتسليط الضوء على مشكلة لغوية تستلزم إعادة تعليم نطق، أو تأخر في النمو النفسي - الحركي. وقد يقترح أحيانًا علاجًا نفسيًّا مقتضبًا. وقد تكون الاضطرابات خطيرة (اضطرابات ذهانية مع اختلال للواقع مثلًا)، وينبغي حينها التفكير بعلاج أطول وأكثر جديَّة.

صندوق العدّة

أفكار بسيطة، «إرشادات مساعِدة» للوالدين، ألعاب، مسابقات لتعليم الأطفال كيفية إطاعة الأوامر، والتعبير عما نفكر به دون بذاءة، اختبار لتقييم مستوى السيطرة المفروضة، خذا من صندوق عدّة السيطرة ما ترونه مناسبًا!

منارة للوالدين في حال هبوب العاصفة!

بعض المعالم لإثراء معرفتكم عن السيطرة...

★ حتى إن كان هذا الأمر لا يناسبكم، لا تشكّكوا بتدخل أو أوامر الوالد الآخر. فذلك يضع الطفل في حالة تشوّش ولا يعود يعرف ما يجب القيام به وبالتالي يصبح لديه الأسباب المنطقية للاصطفاف إلى جانب أحد الوالدين الذي «يسهل الأمور».

★ في حال الانفصال وللحفاظ على التلاحم التعليمي، ضعا قائمة والدية مشتركة تضم بعض السلوكيات التي لا ترغبان بها ولا يقبلها أي منكما.

★ تعلما كيف تفتحان المجال لبعض الأمور والتمييز بين السلوكيات غير المقبولة التي تستحق أن تعاقب (مثل تلك التي تتعلق بسلامته الجسدية أو العاطفية أو النفسية) وتلك التي تسبّب الإزعاج ويمكن تجاهلها.

مسابقة سرعة صغيرة لتعلم إطاعة الأوامر (4-7 سنوات)

هدف اللعبة: أن يعي الطفل بأنّه قادر على التصرف بشكل سريع وجيد. وفي حال وجود طفل واحد فقط في اللعبة، يجب تعديل اللعبة بحيث يتم قياس وقت النشاطات كل يوم لتقييم التحسن.

★ **ترتيب غرفته:** إزالة كل الأشياء المرمية على الأرض بسرعة كبيرة باستخدام كيس كبير في غضون 5 دقائق. ويربح من يكون كيسه هو الأثقل وزنًا.

★ **ترتيب غرفة الجلوس:** إزالة كل الأشياء المرمية على الأرض ووضع بعضها فوق بعض ويربح من تكون كومته الأعلى!

★ **لبس ثياب النوم:** يمكن إعطاء تعليمات مضحكة مثل ارتداء ثياب النوم بالمقلوب، أو الجوارب في اليدين، الـخ. ويحقق الربح أول من ينفذ الأمر ويرتدي ثيابه بصورة خاطئة.

★ **ارتداء ثياب المدرسة:** أفضل لعبة هي المسابقة بين الوالد/الوالدة والطفل في سرعة ارتداء الملابس صباحًا.

★ **الإسراع في الجلوس إلى مائدة الطعام:** الرابح يكون من يصل إلى مائدة الطعام ويجلس إليها ويرفع شوكته فوق رأسه.

ويحصل الرابح على ميزة صغيرة فيحصل على الطعام أولا، أو نقرأ له قصة إضافية قبل النوم، أو يختار الحلوى.

لعبة لمساعدة الطفل على التعبير عن مشاعره

العبا مع الطفل لعبة ربط المواقف مع الإجابات أدناه.
هدف اللعبة: تعليمه كيفية الرد دون استخدام كلمات عنيفة.

تود أختك اختيار البرنامج التلفزيوني	☐	☐	لن يكون هذا ممكنًا
تود أمك أن تلبس الحذاء الذي لا تحبه	☐	☐	حسنًا أوافق ولكني غير سعيد بذلك
لا تريد أن تأكل طعامًا لا تحبه	☐	☐	يصعب عليّ إطاعتك ولكني سوف أقوم بذلك
أحد الأطفال يود أن يخضعك لعمل ممنوع	☐	☐	وما رأيك أن أقدم لك خدمة في المقابل؟
لا يريد أخوك أن يعيرك زلاجاته	☐	☐	لكل دوره فأنا سوف يكون قراري غدًا

حاجة أو رغبة؟

هدف اللعبة: التعلم بأن الحصول على كل شيء فورًا غير ممكن.

قاعدة اللعبة: نكتب الكلمتين «حاجة» و«رغبة» على ورقتين مطويتين إلى أربعة أقسام. يقوم الطفل باختيار إحدى الورقتين ويعطي مثالًا عن الكلمة المختارة. إذا كان مثاله صحيحًا، فإنّه يحصل على نقطة. وأول من يجمع 10 نقاط يكون الرابح.

🦆 لعبة الأدوار

★ ابتكرا تمثيليات صغيرة تتبادلان فيها الأدوار: فيكون هو البالغ وأنت الطفل.

★ الطفل يلعب والوالد يطلب منه تجهيز مائدة الطعام.

★ يجيب الطفل بكلمة بذيئة عندما تطلب منه أمه ارتداء ملابسه.

★ تريد والدته أن يستحم فيما يشاهد برنامجه المفضل على التلفاز.

★ تقوم المعلمة بحرمان طفل من فترة الاستراحة ظلمًا.

👌 وعاء الكلمات البذيئة

اكتبا على قصاصات أوراق صغيرة شتائم صحيحة وأخرى مضحكة. وفي حال استخدام الشتائم المحظورة، اختارا الكلمة المضحكة التي سوف تحل محل الكلمة الأخرى!

🥣 تعلم الانضباط الذاتي

★ يضع الطفل قائمة بالأولويات التي يجب أن يؤديها بعد الصف: الواجبات المدرسية، الاستحمام، ترتيب الغرفة، وغيرها.

★ يقوم الطفل بتحديد الفترة الزمنية لكل واجب من واجباته ويلتزم به: فإن قرّر الاستحمام عند الساعة السادسة والنصف والانتهاء عند الساعة السابعة، فإنّه يحترم هذه المواعيد تمامًا.

★ يبدأ بتنفيذ الواجب الأكثر أهمية.

★ يقوم بتقييم نفسه في نهاية الأسبوع لكي يقيّم رضاه عن نفسه في النجاح في إدارة وقته بنفسه. وتكون النتيجة في أغلب الأحيان إيجابية، لأنّ هذه الطريقة تعطيه دائمًا المزيد من الوقت للعب!

🍼 أنا ولوحي

لا يوجد أفضل من الوجه الضاحك على لوح للإشارة إلى الإنجازات.

عند نهاية اليوم، ينظر إلى اللوح بصحبة الطفل الذي يقوم بوضع الوجه الضاحك في الخانة المناسبة إشارة إلى نجاحه في تنفيذ المطلوب.

ويحصل الطفل يوم السبت على الهدية المتفق عليها في بداية الأسبوع. وعوضًا عن الهدية، اعرضا عليه متعة مجانية مثل وجبة لذيذة، قرص مدمج للاستماع إليه، أو قصة تقرآنها سوية.

	الإثنين	الثلاثاء	الأربعاء	الخميس	الجمعة	السبت	الأحد
لم أتفوّه بكلمة بذيئة	☺		☺				☺
رتبت ألعابي	☺			☺		☺	
استيقظت عندما رنّ المنبّه		☺			☺	☺	
ساعدت في الأعمال المنزلية						☺	
وافقت على إعارة ألعابي لأختي الصغيرة	☺			☺		☺	
أنجزت واجباتي المدرسية	☺			☺		☺	
مجموع الوجوه الضاحكة	15						

ملاحظات

ملاحظات

ملاحظات